Das Buch

Der »Kant für die Hand«-Würfel ist eine dreidimensionale Einführung in »Die Kritik der reinen Vernunft«. Kants Meisterwerk hat es leider nötig, anschaulich dargestellt und verständlich gemacht zu werden: 856 Seiten, altmodische Sprache, kaum erläuternde Beispiele. »Die Kritik der reinen Vernunft« verschreckt viele Leser, obwohl sie einen Schatz an Weisheit zu bieten hat.

Hanno Depner erklärt nicht nur Hintergründe, Begriffe und Thesen. Beim Zusammenbauen wie beim Aus- und Einklappen der einzelnen Teile des von ihm entworfenen Bausatzes (ab Seite 49) lässt sich Kants Untersuchung der Vernunft Schritt für Schritt nachvollziehen. Für alle, die nach einem Einstieg in die Philosophie suchen, und für alle, die gerne einen noch besseren Überblick haben.

In drei Stunden Bastelzeit wird Erkenntnis zum Abenteuer und ein Buch auf ganz neue Weise zur besten aller möglichen Beschäftigungen. »Kant für die Hand« ist nicht zuletzt eine Hommage an die spielerische Seite der Philosophie ...

Der Autor

Hanno Depner, 1973 in Kronstadt geboren, studierte Philosophie und Literaturwissenschaft in Berlin und Norwich/England. Er leitete fünf Jahre lang das Lektorat des Internationalen Literaturfestivals Berlin und schreibt derzeit für Kulturinstitutionen sowie Print- und Onlinemedien. Aus Leidenschaft für die großen Gedankengebäude der Geistesgeschichte entwickelte er die dreidimensionale Darstellung philosophischer Texte. Er lebt in Berlin.

Hanno Depner

KANT für die HAND

Die »Kritik der reinen Vernunft«
zum Basteln & Begreifen

Mit Anleitung und 12 Bogen Bausatz

Knaus

WARUM KANT UND WARUM DIESES BUCH?

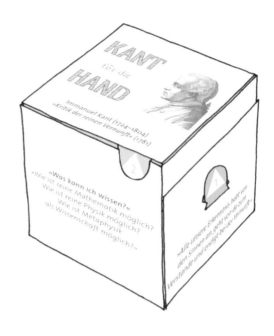

So sieht der fertige »Kant für die Hand«-Würfel aus: von außen glatt und schlicht. Das Innenleben ist hingegen ziemlich komplex – genau wie bei einem Buch.

ERKENNTNIS ALS ABENTEUER

Wie kommen wir eigentlich zu unseren Gedanken über Gott und die Welt? Der Philosoph Immanuel Kant untersucht in der »Kritik der reinen Vernunft«, wie unser Denken entsteht, welchen Gesetzen es folgt und wie wir es gebrauchen. Sein Werk prägt bis heute Philosophie, Wissenschaft und Kultur.

Der Grundgedanke ist: Denken und Erkennen ist immer auch Handeln. Aus dieser Perspektive wird Erkenntnis zum Abenteuer. Kant schildert, wie die Empfindungen unserer Sinnesorgane beim Denken begrifflich sortiert werden. Wie wir Aussagen machen und Schlussfolgerungen ziehen. Wie Wissenschaften entstehen, zum Beispiel Mathematik und Physik, und warum bestimmte Irrtümer und Spekulationen unvermeidbar sind.

Kant sieht die Aufgabe der Philosophie darin, Ordnung im Denken zu schaffen. Er tut das, indem er Erkenntnisbereiche markiert und alles, was man überhaupt wissen kann, davon abgrenzt, was für uns prinzipiell unerkennbar ist. Mit seiner kritischen Untersuchung der Vernunft stellt er im Chaos von Wahrnehmungen und Gedanken eine Orientierungsmöglichkeit zur Verfügung, die den Leser nicht entmündigt, sondern zu Kritikfähigkeit anhält. »Habe Mut, dich deines eigenen Verstandes zu bedienen«, definiert Kant den Wahlspruch der von ihm vertretenen Aufklärung.

KANT, DER GEISTESGIGANT

»Die Kritik der reinen Vernunft« war so erfolgreich wie folgenreich. »Alleszermalmer« wurde Kant wegen seiner gründlichen Zerstörung metaphysischer Gewissheiten genannt. Im 19. Jahrhundert galt er als einer der vier Weltweisen neben Buddha, Sokrates und Konfuzius. Bis heute unterscheidet man mit »vorkantianisch« und »nachkantianisch« zwei geistesgeschichtliche Epochen und folgt damit Kants eigener Einschätzung, eine geistige Revolution vollbracht zu haben. Die Wirkung seines Werks ist unbestritten.

Auch im 21. Jahrhundert ist Kant relevant. Die Wege und Irrwege des Denkens, wie er sie beschreibt, werden immer noch gegangen: Die Fragen nach Willensfreiheit, Ursprung der Welt, Gott oder einem Leben nach dem Tod beschäftigen die meisten Menschen weiterhin – dabei sind die Antworten und Meinungen trotz aller technischen Fortschritte nicht weniger wirr und anmaßend als zu früheren Zeiten. In der »Kritik der reinen Vernunft« bietet Kant Antworten zu diesen Themen, die noch heute überzeugen und inspirieren.

WAS KANN »KANT FÜR DIE HAND«?

Leider ist Kants Meisterwerk der Philosophie auf Anhieb kaum zu verstehen – barfuß den Mount Everest zu besteigen sei ähnlich schwierig, wird behauptet. Das liegt vor allem an der detailversessenen und altertümlichen Sprache Kants. Außerdem enthält der Text zahlreiche Fachbegriffe und Wörter, deren Bedeutung vom alltäglichen Sprachgebrauch abweicht. Aber auch schwer nachvollziehbare Einteilungen und Begründungen sowie die auf 856 Seiten ausgebreitete Fülle des Materials wirken einschüchternd und abschreckend. Und schließlich hat Kant auf Beispiele weitgehend verzichtet. Wie er selbst in der Vorrede sagt, habe er seine Gedanken leider nicht verständlicher darstellen können. Nun rechne er damit, dass andere diesen Mangel beheben.

Eine Einführung wie »Kant für die Hand« will genau das tun. Neben Erläuterungen über Hintergründe, Begriffe und Argumente gibt es im hinteren Teil zwölf Bastelbogen. Sie lassen sich zum »Kant für die Hand«-Würfel zusammensetzen. Schritt für Schritt ergibt sich dabei ein Einblick und Überblick über die »Kritik der reinen Vernunft«. Nötig sind nur gewöhnlicher Flüssigklebstoff und ein paar Stunden Zeit.

Der »Kant für die Hand«-Würfel ist eine dreidimensionale Einführung. Beim Zusammenbauen wie beim Aus- und Einklappen der einzelnen Teile offenbart sich, aus welchen Elementen sich Kants Werk zusammensetzt, wie die Teile miteinander verknüpft sind und in welcher Beziehung sie zum Ganzen stehen. Sowohl die Erläuterungen als auch die Struktur des Würfels lehnen sich eng an Kants Text an. Sie wollen die »Kritik der reinen Vernunft« begreiflich machen: Für alle, die nach einem Einstieg in Kants Werk oder in die Philosophie überhaupt suchen, und für alle, denen beim Lesen des Originaltextes der Überblick verloren gegangen ist.

»Kant für die Hand« ist nicht zuletzt eine Hommage an die komplexe Schönheit von Philosophie und deren spielerische Seite. Einen ebensolchen Zugang dazu eröffnen die Bastelbögen, die Zeichnungen und Textblöcke. Sie alle beziehen sich aufeinander, aber: Wer nur basteln möchte, kann sich auf den grau gedruckten Anleitungstext beschränken, und wer sich nur für die philosophischen Erläuterungen interessiert, kommt auch ganz ohne Basteln aus. Nur die Reihenfolge beim Zusammenkleben (Laschen 1 bis 99 und dann A bis R) ist verbindlich, ansonsten ist alles möglich – allein oder in der Gruppe basteln, querlesen, an einem Tag Stück für Stück alles zusammenbauen oder viele Pausen einlegen. Es gibt nicht nur den einen, schnurgeraden Weg zum Verständnis: Man kann sich Kant von vielen Seiten nähern!

INHALTSVERZEICHNIS

War Kant Pedant? Dass Kant als Mensch und als Philosoph bis zur Absurdität pedantisch war, ist ein Klischee, an dem viel dran ist. Allerdings war er auch unterhaltsam, elegant und leidenschaftlich – im Leben wie im Werk.

Der Denker privat und die Entstehung seiner Schriften in

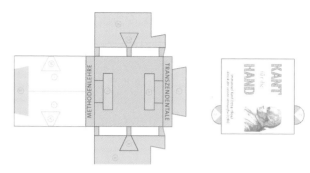

Zwei Bauteile auf den Seiten 49 und 55

Was kann ich wissen? Gute Frage. Es ist die Leitfrage der »Kritik der reinen Vernunft«. Kant beantwortet sie umfassend, indem er genau untersucht, was man nicht wissen kann. Dann widmet er sich den Fragen »Was soll ich tun?« und »Was darf ich hoffen?«.

Kants Fragen sowie weitere

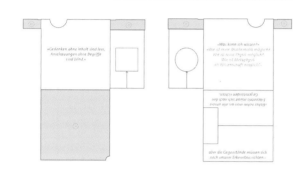

Zwei Bauteile auf den Seiten 51 und 53

Kann man Kant verstehen? Wer sieht, dass die Sonne im Osten auf- und im Westen untergeht, und sich trotzdem vorstellen kann, dass sich nicht die Sonne um die Erde bewegt, sondern die Erde um die Sonne, der kann auch Kant verstehen.

Mehr über Kopernikus, Kant und die Umkehrung einer gewohnten Perspektive unter

Ein Bauteil auf der Seite 55

Ist alles wahr, was in der »Kritik der reinen Vernunft« steht? Kant wollte, wie er selbst sagte, niemandem das Denken abnehmen, sondern vielmehr dazu anregen. Tatsächlich hat er zahlreiche bedeutende Philosophen inspiriert und auch zu Widersprüchen und Einwänden bewegt. Besondere Aufmerksamkeit erregte das »Ding an sich«.

Dieses und weitere Dinge in

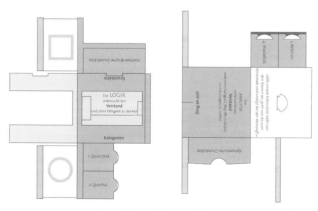

Zwei Bauteile auf den Seiten 57 und 59

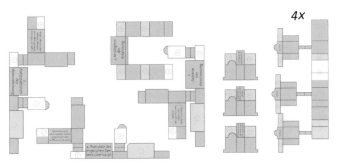

Elf Bauteile auf den Seiten 61, 63, 65 und 69

Kann man ohne Kant leben? Ja, schon. Allerdings kann man sich mit Kant besser im eigenen Denken und in der Welt orientieren – wenn man sich nicht von Kants Ordnungswahn abschrecken lässt.

Mehr über Ordnungen wie

Zwei Bauteile auf den Seiten 67 und 69

Macht Kant klug? Davon ist nichts bekannt. Allerdings macht Kant bescheiden, weil er zeigt, dass wir vieles gar nicht wissen können.

Mehr über alles, was wir nicht wissen können, unter

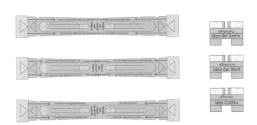

Sechs Bauteile auf der Seite 69

Gibt es den freien Willen? Gott? Ein Leben nach dem Tod? Auf viele Fragen, die bis heute kontrovers diskutiert werden, hat Kant bereits überzeugende Antworten gegeben. Mehr über Gott, den freien Willen und die Unsterblichkeit der Seele sowie unlösbare Fragen und unvermeidliche Denkfehler unter

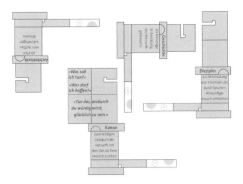

Vier Bauteile auf der Seite 71

Macht Kant einen besseren Menschen aus mir? Vielleicht. Als der Philosoph Julius Ebbinghaus 1945 von seinem emigrierten Schüler Hans Jonas auf seine kompromisslose Haltung im NS-Staat angesprochen wurde, erklärte er: »Ohne Kant wäre es mir nicht möglich gewesen, diese Zeit so durchzustehen.«

Mehr über praktische Konsequenzen bei Kant in

KANTS LEBEN ...

DER KÖNIGSBERGER PHILOSOPH

Immanuel Kant wurde am 22. April 1724 in Königsberg geboren. Er war das vierte von neun Kindern einer pietistisch geprägten Familie, sein Vater war Riemermeister. Seine Mutter, an der Kant sehr hing, starb, als er 13 Jahre alt war. Auf Vermittlung eines mit der Familie befreundeten Geistlichen konnte Kant eine höhere Schule besuchen. Später studierte er Philosophie, Naturwissenschaften und Mathematik. Von schmächtiger Statur und schwacher Konstitution, war er doch selbstbewusst und zielstrebig. »Ich habe mir die Bahn vorgezeichnet, die ich halten will. Ich werde meinen Lauf antreten, und nichts soll mich hindern, ihn fortzusetzen«, schrieb er 1746.

Im gleichen Jahr starb sein Vater, und Kant verließ die Universität ohne Abschluss, wohl auch weil er sich von seinem Philosophieprofessor nicht ausreichend gefördert fühlte. Er begann als Hauslehrer in der Umgebung von Königsberg zu arbeiten – sein Leben lang entfernte er sich nie weit von seiner Heimatstadt. Nach acht Jahren kehrte er an die Universität zurück, wo er bald als Privatdozent tätig war. Nachdem er Professuren in anderen Fächern und Städten abgelehnt hatte, berief ihn die Königsberger Universität im Alter von 46 Jahren endlich zum Professor für Logik und Metaphysik. Später wurde er deren Rektor. Seine Vorlesungen waren gut besucht. »Seine Philo-

sophie weckte das eigne Denken auf, und ich kann mir beinahe nichts Erleseneres und Wirksameres hierzu vorstellen, als sein Vortrag war«, schrieb sein Student Johann Gottfried Herder.

Kant pflegte sein Leben lang die Geselligkeit. In jungen Jahren besserte er mit Billard sein Studentensalär auf, bis er keine Gegner mehr fand, und wechselte dann zum Kartenspiel. Er kleidete sich modisch und brachte andere mit Anekdoten zum Lachen, ohne selbst eine Miene zu verziehen. Gelegentlich feierte er so wild, dass er nur mit Mühe nach Hause fand. Frauen mochten ihn, er blieb jedoch sein Leben lang Junggeselle. »Als ich die Frauen brauchte, konnte ich sie mir nicht leisten, und als ich sie mir leisten konnte, brauchte ich sie nicht mehr«, soll er einmal gesagt haben.

In späteren Jahren führte er ein zunehmend geregeltes Leben, was wohl auch auf seine schwache Gesundheit zurückzuführen ist. Um 5 Uhr morgens ließ er sich von seinem Diener mit dem Ruf »Es ist Zeit« wecken, trank ein, zwei Tassen Tee, rauchte eine Tabakspfeife und meditierte über seine Arbeit, bevor er zwischen 7 und 9 Uhr seine Vorlesungen hielt. Anschließend widmete er sich seinen Schriften. Über dreißig Jahre lang aß Kant außer Haus, bis er es sich leisten konnte, einen eigenen Haushalt zu führen. Zu den Mittagsmahlzeiten lud er dann fast immer Gäste, mit denen er Gespräche über Themen aller Art – nur keine philosophischen – führte: »Allein zu essen ist für einen philosophierenden Gelehrten ungesund.«

Nach Kant hätten die Königsberger ihre Uhr stellen können, spottete der Dichter Heinrich Heine. Punkt halb vier am Nachmittag soll sein täglicher Spaziergang den Philosophen genau acht Mal eine Lindenallee auf und ab geführt haben. Und bei schlechtem Wetter sei ihm sein Diener, mit einem Regenschirm ausgestattet, hinterhergegangen. Der Arbeitstag war um 22 Uhr beendet, und Kant ging zu Bett.

Er war ein loyaler Untertan der preußischen Monarchie, auch wenn er die Republik für die bessere Staatsform hielt. Die Französische Revolution begrüßte er begeistert und verteidigte sie gegenüber jedermann, wie er auch die amerikanische Unabhängigkeit befürwortet hatte. Politische Gegner erwuchsen ihm vor allem aus kirchlich-konservativen Kreisen, deren Einfluss nach dem Tod des toleranten Herrschers Friedrich II. zugenommen hat-

te. Sie erwirkten unter Friedrich Wilhelm II. eine an Kant persönlich gerichtete Anordnung, sich nicht mehr in theologischen Fragen zu äußern. Er hielt sich daran – bis zum Tod des Königs.

Kant arbeitete, bis er in seinen letzten Lebensjahren unter Demenz zu leiden begann. Er starb knapp 80-jährig am 12. Februar 1804. »Es ist gut«, waren seine letzten Worte.

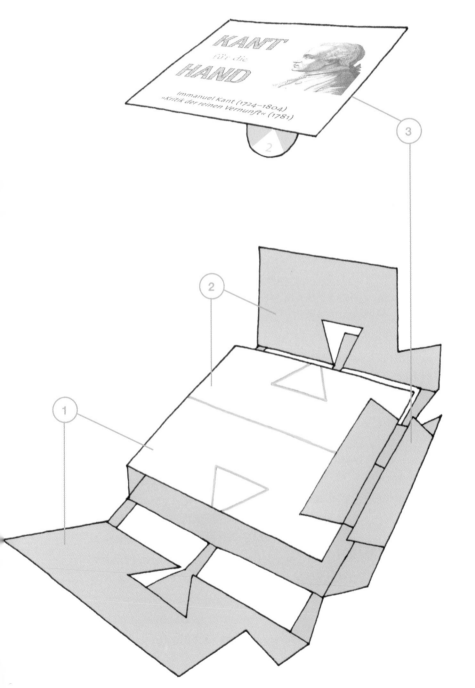

KANT
für die
HAND

Immanuel Kant (1724–1804)
»Kritik der reinen Vernunft« (1781)

Kleben: 10 Minuten
Lesen: 20 Minuten

Die beiden Bauteile auf den Seiten 49 und 55 heraustrennen und wie in der Skizze knicken: Die punktierten Linien gelangen immer auf die Außenseiten der Knickstellen.

Die gelbe Klebefläche 1 auf die entsprechende weiße Fläche 1 kleben, dann 2 auf 2. Immer Flüssigklebstoff verwenden und am besten auf die gelben Flächen auftragen. Klebestifte sind ungeeignet.

Beide Bauteile werden verbunden, indem die gelbe Fläche 3 auf die weiße 3 geklebt wird.

Die Flächen 97 bis 99 und Q, R sind erst später dran und dürfen jetzt noch nicht geklebt werden!

... UND WERK

»Kritik der reinen Vernunft«

Jedes der vier Wörter im Titel von Kants Hauptwerk lohnt einen genaueren Blick und eine Begriffsklärung. Mit »Kritik« meint Kant eine kritische Untersuchung oder Prüfung – dieser Wortsinn hat sich in unserem Begriff »Buchkritik« erhalten. Kant will die reine Vernunft nicht kritisieren, sondern hinterfragen, ihre Grenzen bestimmen.

»Rein« bedeutet bei Kant: frei von Irrtümern und Zufälligkeit, die aller Erfahrung anhaften. Deswegen hat »rein« auch dieselbe Bedeutung wie »notwendig und allgemein gültig«.

»Vernunft« steht im Titel für die gesamte Erkenntnisfähigkeit des Menschen und insbesondere seine Begabung zur Metaphysik. An anderer Stelle benutzt Kant diesen Begriff allerdings in engerem Sinne (→S. 28 und 43).

Das Wörtchen »der« schließlich sorgt für eine Doppeldeutigkeit: »Kritik der reinen Vernunft« kann so gelesen werden, dass eine Kritik an der reinen Vernunft vorgenommen wird, aber auch so, dass die reine Vernunft selbst kritisch tätig ist.

Die erste Ausgabe (A) des Werks erschien 1781, die zweite (B) teilweise erheblich überarbeitet im Jahr 1787.

Kants Werk

»Zwei Dinge erfüllen das Gemüt mit immer neuer und zunehmender Bewunderung und Ehrfurcht: der bestirnte Himmel über mir und das moralische Gesetz in mir.« Mit diesem Ausspruch würdigt Kant nicht nur die beiden Hauptgebiete seiner Forschungstätigkeit, die physische Welt und die Moral, sondern er deutet auch den Weg vom einen zum anderen an, den er selbst eingeschlagen hatte. In den Jahren seiner »vorkritischen« Phase schreibt er viel über naturwissenschaftliche Themen. Er behandelt das Feuer, die Entstehung der Winde sowie – wie man heute sagen würde – Astronomie, Teilchenphysik und Evolutionstheorie. Er bewundert das mechanische Weltbild Isaac Newtons und die exakten Ergebnisse seiner mathematisierten Physik.

Gleichzeitig ist er »verliebt« in die Metaphysik, jenen Bereich der Philosophie, in dem grundlegende Fragen über das Wesen der Dinge und den Sinn des Lebens verhandelt werden. Er lehrt hauptsächlich Metaphysik, Logik und Ästhetik, wie er sie in der Tradition der rationalistischen deutschen Philosophie kennt. Zusätzlich lässt er sich von Philosophen ganz anderer Richtungen beein-

*Die ersten beiden Bauteile sind zusammenge-
setzt. Der »Kant für die Hand«-Würfel besteht
aus insgesamt 27 Elementen. Seine Beschriftung
enthält 63 Begriffe und 8 Zitate. Sie werden auf
den folgenden Seiten genauer erläutert.*

drucken: Der skeptische Empirist David Hume aus
Schottland habe ihn »aus seinem dogmatischen
Schlummer geweckt« und der französische Philosoph der Natur, Jean-Jacques Rousseau, von intel-
lektuellem Hochmut befreit.

Kant schreibt so elegant, dass ihm eine Professur
für Dichtkunst angetragen wird (die er ablehnt).
Er erfindet das Fach »Physische Geographie« und
interessiert sich zunehmend für Anthropologie.
Auch Psychopathologie, Theologie und Moralphilosophie gehören zum breiten Themenspek-
trum seiner zahlreichen und eher kurzen Schriften. Nachdem er zum Professor für Metaphysik
berufen worden ist, vollzieht sich ein Bruch. Zunächst publiziert er kaum noch. Es folgt über ein
Jahrzehnt des Schweigens.

Im Alter von 55 Jahren legt Kant die »Kritik der
reinen Vernunft« vor. Darin präsentiert er einen
ganz neuen Ansatz: Als kritische Untersuchung
des menschlichen Denkens kann Philosophie die
Basis für zukünftiges echtes Wissen legen. Indem
die Philosophie die in der Vernunft angelegten
Bedingungen von Erkenntnis untersucht, erklärt
sie, wie und warum die Wissenschaften funktio-
nieren. Dabei zeigen sich die engen Grenzen des
Erkennens und geben eine neue Perspektive frei:
auf das Handeln – und damit auf Moral, Gesell-
schaft, Kultur, Politik. Beides, Erkennen und Handeln, macht den Menschen aus. Alles, was Kant
später schreibt, ist in der »Kritik der reinen Vernunft« im Prinzip schon angelegt.

Das Problem der Moral – der Mensch als freies,
handelndes Wesen – rückt somit ins Zentrum von

Kants Denken und seinen weiteren Schriften. Im
Jahr 1788 erscheint »Die Kritik der praktischen
Vernunft«, die den berühmten kategorischen
Imperativ enthält. Er ist das Grundgesetz der
Moral, nach dem wir handeln sollen, wie wir es
auch von den anderen erwarten: »Handle so, dass
die Maxime deines Willens jederzeit zugleich als
Prinzip einer allgemeinen Gesetzgebung gelten
könnte.«

Den Zusammenhang zwischen Erkennen und
Handeln untersucht Kant noch einmal gründlich
in der »Kritik der Urteilskraft« (1790), seiner letzten Kritik. »Hiermit endige ich also mein ganzes
kritisches Geschäft. Ich werde ungesäumt zum
doktrinalen schreiten«, kündigte der 65-Jährige
an. In seinem »nachkritischen« Werk widmet sich
Kant abermals besonders der Moral, diesmal aus
gesellschaftlicher, politischer Sicht. In seiner »Metaphysik der Sitten« und der Schrift »Zum ewigen
Frieden« entwickelt er die Idee einer internationalen Staatengemeinschaft – wie sie heute in der
UNO verwirklicht ist.

Seine wachsende Bekanntheit bringt zunehmend philosophische Gegner hervor. Kant geht
nach Kräften auf sie ein. Er scheut die philosophische Auseinandersetzung nicht, sondern schätzt
sie sogar. In der Schrift »Über den Gemeinspruch:
Das mag in der Theorie richtig sein, taugt aber
nicht für die Praxis« (1793) entkräftet er zeitge-
nössische Einwände gegen seine praktische Philosophie. Prinzipientreue verteidigt er auch in
»Über ein vermeintliches Recht, aus Menschen-
liebe zu lügen« (1797): Lügen ist nach Kant unter
allen Umständen verboten.

Inzwischen ist die Phase verhaltener und von Un-
verständnis geprägter Reaktionen auf die »Kritik
der reinen Vernunft« längst überwunden. Kants
Philosophie hat sich zunehmend durchgesetzt.
Der Philosoph stirbt im Bewusstsein des bleiben-
den Werts seiner Arbeit, jedoch ohne sein geplan-
tes systematisches Werk vollendet zu haben.

PHILOSOPHISCHE HINTERGRÜNDE DER »KRITIK DER REINEN VERNUNFT«

»WAS KANN ICH WISSEN?«

Die »Kritik der reinen Vernunft« bewegt sich auf dem Gebiet der Erkenntnistheorie. Sie untersucht, wie Wissenschaft möglich ist. Kant folgt in der »Elementarlehre«, dem ersten Teil seines Buches, den Fragen:

Wie ist reine Mathematik möglich?
(Die Antwort erfolgt in der »Ästhetik«, →S. 19.)
Wie ist reine Physik/Naturwissenschaft möglich?
(Die Antwort erfolgt in der »Analytik«,
→S. 23–27.)
Wie ist Metaphysik als Wissenschaft möglich?
(Eine abschlägige Antwort erfolgt in der »Dialektik«, →S. 30 und 31.)

Indem Kant das Gebiet möglichen Wissens eingrenzt, grenzt er es auch ab. Besonders für die Metaphysik hat das schwerwiegende Konsequenzen. Wir müssen uns nämlich diesbezüglich ohne wissenschaftliche Erkenntnis behelfen – auch wenn die Fragen dringlich sind und wir ein großes Bedürfnis nach sicheren Antworten haben.

Auf dem Gebiet der Metaphysik müssen wir also Verzicht üben – und zwar als Erkennende, nicht aber als Handelnde. Denn die Vernunft ist nicht nur ein Instrument der Erkenntnis, sondern auch ein universal gültiger Maßstab des Handelns. Sie kann sowohl in theoretischer als auch in praktischer Hinsicht eingesetzt werden. Auf diese Weise kommen wir doch noch zu Ergebnissen.

Wenn die Vernunft in praktischer Hinsicht eingesetzt wird, ist Metaphysik auch als Wissenschaft möglich. Deshalb wendet sich Kant in der »Methodenlehre«, dem zweiten Teil seines Buches, der praktischen Philosophie zu, der Ethik. So gelangt er von der Frage »Was kann ich wissen?« zu den Fragen »Was soll ich tun?« und »Was darf ich hoffen?«
(Die Antworten erfolgen im »Kanon«, →S. 38.)

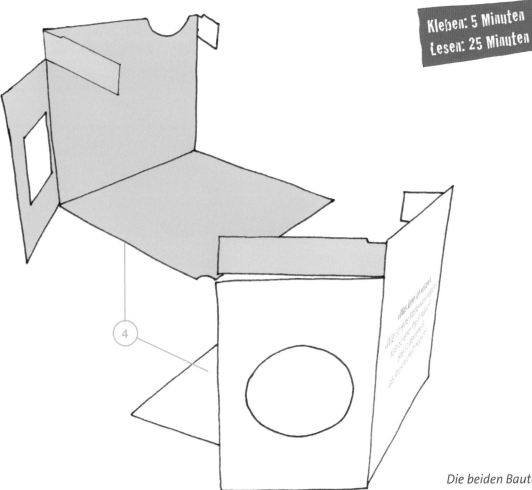

4

Die beiden Bauteile auf den Seiten 51 und 53 heraustrennen und die gepunkteten Knickstellen nach außen knicken – wie in der Zeichnung. Die Klebefläche 4 auf 4 kleben.

PHILOSOPHISCHE HINTERGRÜNDE DER »KRITIK DER REINEN VERNUNFT«

»GEDANKEN OHNE INHALT SIND LEER, ANSCHAUUNGEN OHNE BEGRIFFE SIND BLIND.«

Kant zeigt, dass Verstand und Sinne ineinandergreifen müssen, damit Wissen entsteht. Wenn Gedanken nicht von Erfahrungen unterfüttert sind, dann haben sie keinen Inhalt und sind leer. Wer allerdings Erfahrungen macht und Anschauungen hat, ohne sie begrifflich vernünftig zu ordnen, der gelangt auch nicht zu Erkenntnis und bleibt in diesem Sinne blind.

Für Kant sind Verstand und Sinne zwei »Stämme der Erkenntnis«, die gleich wichtig sind. Beide werden von verschiedenen philosophischen Schulen sehr unterschiedlich bewertet. Zu Kants Zeit war das geistige Leben in Königsberg stark vom Rationalismus geprägt, der Philosophie von Gottfried Wilhelm Leibniz und Christian Wolff, der den Verstand über die Sinne stellt. Der aus England stammende Empirismus folgt hingegen der Devise, dass »nichts im Verstand ist, was vorher nicht in den Sinnen war«, wie es John Locke formuliert hatte.

Um deutlich zu machen, wie Verstand und Sinne zusammenarbeiten, unterscheidet Kant schon in der Einleitung ihre jeweiligen Funktionsweisen. Aus dem Verstand stammt diejenige Erkenntnis, die der Erfahrung vorhergeht (»a priori«). Der Kreis ist rund: Das wissen wir, ohne ein Experiment zu machen. Es ist ein »analytischer« Satz, der das Subjekt »Kreis« analysiert und eine Eigenschaft nennt, die darin enthalten ist: »rund«. Der Satz gilt »notwendig und allgemein« – denn wir können uns einen Kreis nie und nirgends anders vorstellen als rund. (Sonst wäre es ja kein Kreis.)

Aus den Sinnen hingegen stammt diejenige Erkenntnis, die der Erfahrung nachfolgt (»a posteriori«). Diese Rose ist rot: Das wissen wir erst, nachdem wir eine rote Rose gesehen haben. Es ist ein »synthetischer« Satz, der das Subjekt »Rose« mit der Eigenschaft »rot« synthetisiert, die es nicht »notwendig und allgemein« hat. Wir können uns nämlich ohne Weiteres eine blaue Rose vorstellen und haben auch schon gelbe Rosen gesehen. Aber damit wir wissen, dass diese Rose hier rot ist, und nicht blau oder gelb, müssen wir eine Erfahrung machen, nämlich: sie sehen. (Und dabei können

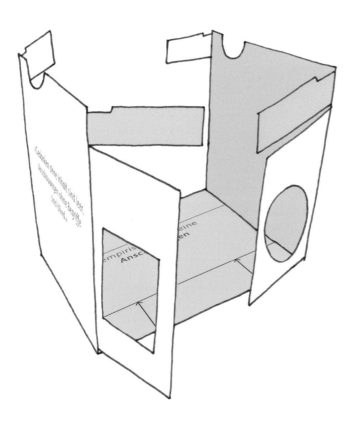

Gedanken ohne Inhalt sind leer, Anschauungen ohne Begriffe sind blind. «Begriffe

Empiris Ansc

eine en

Dieses Bauteil bildet den größten Teil der Außenhülle des »Kant für die Hand«-Würfels. Sie ist eine Art Einleitung. Auf der Innenseite geht der Erkenntnisprozess schon langsam los ...

15

rung steckt nicht der Begriff der Ursache. Ein weiteres Beispiel ist die mathematische Gleichung »5+7=12«. Hier wird die eine Seite der Gleichung laut Kant unabhängig von konkreter Erfahrung mit der anderen Seite gleichgesetzt, wobei keine Seite die andere schon als Eigenschaft in sich enthält – und doch ist die Gleichung notwendig und allgemein gültig.

Kants These ist nicht unumstritten: Gibt es überhaupt synthetische Sätze a priori? Für Kant ist deren Existenz so wichtig, weil diese Sätze weder »leer« noch »blind« sind. Sie ermöglichen echte Wissenschaft, wie Kant in der »Elementarlehre« zeigt. Er findet synthetische Sätze a priori als Möglichkeit der Mathematik in der »Ästhetik« (der Untersuchung der Sinne). Er findet sie als Möglichkeit der Physik in der »Analytik« (der Untersuchung des Verstandes im ersten Teil der »Logik«). Er findet sie allerdings nicht in gleicher Weise als Möglichkeit der Metaphysik, wenn er in der »Dialektik« (dem zweiten Teil der »Logik«) die Vernunft untersucht.

Wenn Kant die Elementarlehre in Ästhetik, Analytik und Dialektik gliedert, folgt er dem Ablauf des Erkenntnisprozesses, wie er ihn beschreibt: »Alle unsere Erkenntnis hebt von den Sinnen an, geht von da zum Verstande und endigt bei der Vernunft.« Dieser fundamentalen Gliederung folgt auch die »Kritik der reinen Vernunft«.

wir nie zu einem Urteil kommen, das über diese konkrete Erfahrung hinausgeht.)

Wären Vernunft und Sinne streng getrennt, dann gäbe es nur diese zwei Arten von Erkenntnis: Analytisches Wissen, das sich von selbst versteht, und synthetische Erfahrung, die nur Einzelfälle abdeckt. Wo wäre aber Platz für die Wissenschaft – für Wissen, das nicht selbstverständlich und dennoch »notwendig und allgemein« gültig ist? Kant findet die Möglichkeit der Wissenschaft in Form von »synthetischen Sätzen a priori«. Ein Beispiel dafür ist für Kant das Kausalitätsprinzip: Jede Veränderung hat eine Ursache. Dieses Prinzip kann man nicht allein aus der Erfahrung wissen, denn die Sinne vermitteln kein derart strenges Gesetz. Der Satz muss also a priori sein – aber er ist auch synthetisch, denn im Begriff der Verände-

DIE TRANSZENDENTALE ÄSTHETIK ...

ÄSTHETIK

In der »Ästhetik«, dem ersten Teil der Elementarlehre, untersucht Kant den Teil der menschlichen Vernunft, den er das Vermögen der Sinnlichkeit oder auch »Anschauungsvermögen« nennt. Die Sinne sind der Ausgangspunkt von Erkenntnis. Augen, Ohren, Nase, Zunge und Haut verbinden uns nicht nur mit der Außenwelt, sondern auch mit uns selbst – mit unserer Innenwelt. Dadurch, dass die Sinne gereizt (»affiziert«) werden, empfinden wir etwas: In uns formen sich Anschauungen.

Wenn Kant seine Untersuchung der Sinnlichkeit »Ästhetik« nennt, benutzt er dieses Wort in einem anderen Sinn als im heutigen Sprachgebrauch, in dem mit Ästhetik die Schönheit verbunden wird.

Der volle Titel des Teils über die Sinnlichkeit lautet übrigens »Transzendentale Ästhetik«. Auch der Begriff »transzendental« hat eine Erklärung nötig. Er meint die menschlichen Voraussetzungen, die unsere Erkenntnis überhaupt erst möglich machen. »Transzendental« ist nicht zu verwechseln mit »transzendent« und bedeutet nicht etwa »jenseits aller Erfahrung«, sondern »der Erfahrung als Bedingung zugrunde liegend«.

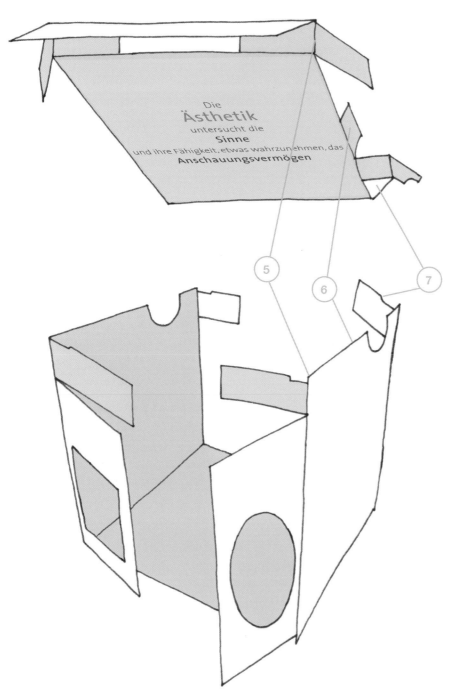

Die
Ästhetik
untersucht die
Sinne
und ihre Fähigkeit, etwas wahrzunehmen, das
Anschauungsvermögen

5   6   7

Das Bauteil auf Seite 55 heraustrennen und wie in der Zeichnung knicken. Dabei darauf achten, dass die gepunkteten Linien immer nach außen gelangen.

Anschließend mit den Klebeflächen 5 bis 11 der Reihe nach in die weiße Würfel-Außenhülle kleben (O noch nicht).

DIE TRANSZENDENTALE ÄSTHETIK

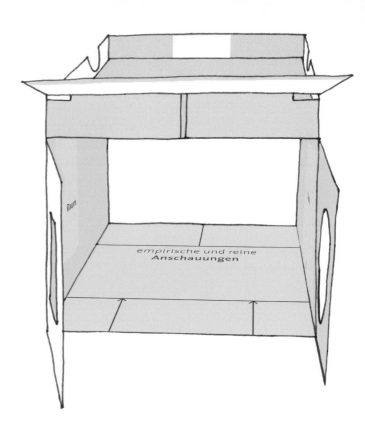

RAUM

Der Raum ist eine Form der Anschauung. Das bemerken wir daran, dass wir einen Gegenstand nicht anders als räumlich wahrnehmen können. Wenn wir uns alle Eigenschaften eines Gegenstandes wegdenken (Farbe, Geruch, Oberflächenbeschaffenheit, Gewicht), so bleibt immer noch seine Räumlichkeit. Und selbst wenn wir uns physische Gegenstände vorstellen, die es nicht gibt und für die wir keine Namen haben: Wir müssen sie uns räumlich denken.

Der Raum ist also immer schon da: Aber nicht im Gegenstand, sondern er ist als Form der Anschauung in uns. Deshalb sagt Kant: »Der Raum hat transzendentale Idealität.« Gleichzeitig erfahren wir Räumlichkeit als wirklich vorhanden, und in diesem Sinne gilt auch: »Der Raum hat empirische Realität.«

Der Raum ist die Form unseres äußeren Sinnes. Wir nehmen nämlich nur die Dinge der Außenwelt (aber nicht die der Innenwelt) räumlich wahr.

ZEIT

Alles, was wir wahrnehmen, geschieht in der Zeit. Es ist unmöglich, sich etwas auch nur vorzustellen, das jenseits der Zeit existiert. Gefühle und Träume mögen wirr und unlogisch sein, und trotzdem sind sie zeitlich gegliedert. Die Zeit ist also ebenfalls eine Form der Anschauung – wie der Raum. Allerdings strukturiert sie nicht nur die Gegenstände (der Außenwelt), sondern auch uns selbst, unsere Gefühle (die Innenwelt). Als »innerer Sinn« ist die Zeit deshalb umfassender als der Raum.

Wie der Raum kommt auch die Zeit den Objekten unserer Erkenntnis allgemein und notwendig zu. Sie ist nur insofern eine Eigenschaft der Dinge, als sie den Dingen von unserem Anschauungsvermögen aufgeprägt ist.

*Der erste Blick in den Würfel zeigt den Erkenntnis-
prozess im Bereich der Sinne. Die Pfeile geben die
Reihenfolge an, in der entstehendes Wissen die
Vernunft durchläuft.*

ANSCHAUUNGEN

Dem Anschauungsvermögen (den Sinnen) ent-
stammen Anschauungen. Die empirischen Anschauungen sind so etwas wie Erfahrungen, die
noch nicht begrifflich gefasst sind. Die Empfin-
dung ist schon da, aber der Begriff dafür noch
nicht – etwa, wenn man nicht weiß, ob man ein
Singen, Klirren, Quietschen, Sprechen oder Don-
nern wahrgenommen hat. Die begriffliche Zuord-
nung erfolgt später, im Verstand (→S. 20).

Nach Kant liegt in der Anschauung des Raumes –
die rein, also unabhängig von Erfahrung ist – die
Möglichkeit der Geometrie begründet. In der reinen Anschauung der Zeit hingegen die Möglichkeit zur Arithmetik (Kant versteht Arithmetik
prinzipiell als Zählen, weil das schließlich zeitlich
vonstatten geht). Damit die Möglichkeit zur Mathematik ganz ausgeschöpft werden kann, müssen sowohl die Sinne als auch das Denken tätig
werden (→S. 22 und 24–27).

»BISHER NAHM MAN AN, ALLE
UNSERE ERKENNTNIS MÜSSE SICH ...

... nach den Gegenständen richten; aber die
Gegenstände müssen sich nach unserer Erkenntnis richten. Es ist hiermit ebenso als mit den
ersten Gedanken des Kopernikus bewandt.«

Mit der »Kritik der reinen Vernunft« vollzog Kant –
wie er selbst in der Vorrede sagt – die »koperni-
kanische Wende« in der Philosophie. Gemeint ist,
dass nicht mehr die Dinge im Fokus des philosophischen Interesses stehen, sondern der Mensch,
der die Dinge wahrnimmt. Kant geht es, in seinen
eigenen Worten, um »die Bedingungen der Möglichkeit von Erkenntnis«.

Die Erforschung dieser Bedingungen ist die erklärte Aufgabe der Transzendentalphilosophie.
Sie untersucht nicht die Dinge selbst, sondern
denkt kritisch darüber nach, wie wir überhaupt
zu Erkenntnis von den Dingen gelangen und unter welchen Umständen das geschieht. Die Transzendentalphilosophie unternimmt einen ebenso
revolutionären Perspektivwechsel wie der Astro-
nom Kopernikus, der die Kreisbewegung der Erde
um die Sonne beschrieb und damit die Vorstellung ablöste, die Sonne bewege sich um die Erde.

Obwohl heute niemand an der Entdeckung des
Kopernikus zweifelt, ist die Perspektive der Erden-
bewohner auf die Sonne doch eine andere: Wir
sehen, dass sich die Sonne bewegt und die Erde
stillsteht. Im gleichen Sinn empfinden wir uns oft
als passive Beobachter einer äußeren Realität, obwohl wir – wie Kant zeigt – Erkenntnis aktiv her-
vorbringen und ihre Grundlage in uns selbst liegt.

DIE TRANSZENDENTALE ANALYTIK

ANALYTIK

In der »transzendentalen Analytik« untersucht Kant das Vermögen des Verstandes: Insbesondere die Urteilskraft (die zwischen Sinnen und Denken vermittelt) sowie die Kategorien und Grundsätze (die dem Denken eine fundamentale Ordnung geben). Außerdem stellt er das etwas geheimnisvolle »Ding an sich« vor: Das, was den Erkenntnisprozess anstößt, aber »an sich« unerkannt bleibt. Wie all diese Elemente aufgebaut sind und zusammenspielen, wird im Folgenden beschrieben und anschließend vertieft (→S. 22–27).

Die Analytik ist der erste Teil der Logik, in der es um das Denken überhaupt geht – im Gegensatz zur sinnlichen Wahrnehmung (→S. 16–19).

VERSTAND

Mit dem Verstand werden Anschauungen verknüpft, sprachlich geordnet und koordiniert. In Kants Worten: »Verstand ist das Vermögen der Begriffe.«

Es besteht zunächst darin, eine Vielzahl von Sinneseindrücken zur Einheit eines Begriffs zusammenzufassen – genau so, wie spezielle Fälle als Beispiele für eine allgemeine Regel aufgefasst werden. Aus dieser Einordnung in die Sprache entstehen Aussagen (oder Urteile, wie Kant sie nennt). Und indem Aussagen sinnvoll koordiniert werden, entsteht Wissenschaft.

Diesen Erkenntnisprozess kann man sich nach dem Modell eines Säuglings vorstellen, der seine Umwelt sinnlich wahrnimmt, lange bevor er sprechen kann. Oder wie einen Computer, der eine große Menge an Daten-Input erhält, den er anschließend filtert und auswertet. (Allerdings führt er dabei nur blind Befehle aus. Der Mensch hingegen verfügt über Urteilskraft und ist als Erkennender kreativ.)

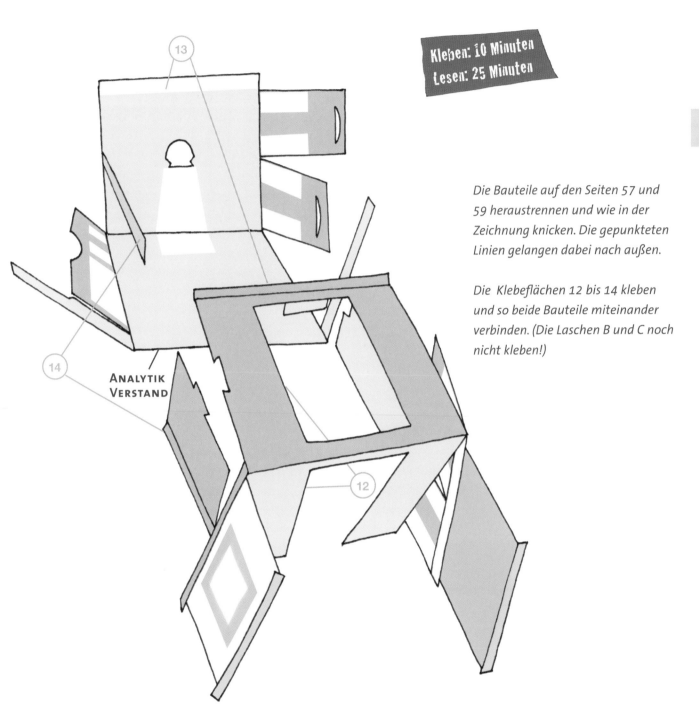

Kleben: 10 Minuten
Lesen: 25 Minuten

Die Bauteile auf den Seiten 57 und 59 heraustrennen und wie in der Zeichnung knicken. Die gepunkteten Linien gelangen dabei nach außen.

Die Klebeflächen 12 bis 14 kleben und so beide Bauteile miteinander verbinden. (Die Laschen B und C noch nicht kleben!)

13

14

ANALYTIK
VERSTAND

12

DIE TRANSZENDENTALE ANALYTIK

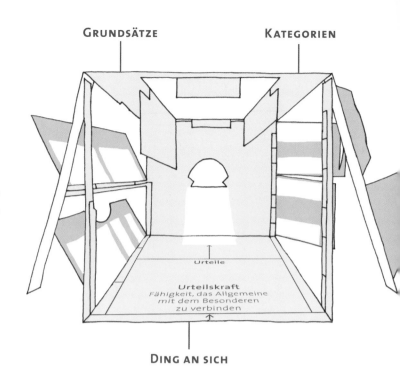

GRUNDSÄTZE   KATEGORIEN

Urteile

Urteilskraft
*Fähigkeit, das Allgemeine
mit dem Besonderen
zu verbinden*

DING AN SICH

KATEGORIEN

Kategorien sind so etwas wie Schubladen des Denkens. Kant nennt sie »reine Verstandesbegriffe« und nimmt an, dass jeder Mensch sie gleichermaßen besitzt. Hier wird die Vielfalt der Anschauungen eingeordnet. Dann entsteht beispielsweise aus den Sinneseindrücken einer Farbe, eines Geruchs und vielleicht eines stechenden Schmerzes das Urteil: Dies ist eine rote Rose (mit Dornen).

Kant unterscheidet zwölf Arten von Urteilen und analog zwölf Kategorien. In seiner berühmten Kategorientafel ordnet er sie in Gruppen nach Quantität, Qualität, Relation und Modalität. Dies ist die Grundordnung, für die es selbst keine noch fundamentaleren Kategorien gibt.
(Genaueres →S. 24.)

URTEILSKRAFT

Wie kommt es, dass die Sinneseindrücke richtig zusammengefasst in der richtigen Schublade landen? Dafür ist die Urteilskraft zuständig. Sie übernimmt die Vermittlung zwischen dem Besonderen der Sinneseindrücke und dem Allgemeinen der Begriffe. Sie ermöglicht uns, einen Hund nicht als Kuh wahrzunehmen – manchmal sogar, wenn wir noch nie zuvor einen Hund gesehen haben.

Die Urteilskraft funktioniert im Großen und Ganzen, ohne gröbere Fehler zu machen. Sie ist allerdings »ein besonderes Talent«, das geübt werden muss und nicht allen Menschen in gleichem Ausmaß zur Verfügung steht: »Der Mangel an Urteilskraft ist eigentlich das, was man Dummheit nennt, und einem solchen Gebrechen ist gar nicht abzuhelfen«, sagt Kant, der diese Dummheit durchaus auch bei »sehr gelehrten Männern« beobachtet.

Ein weiterer Blick in den Erkenntnisprozess, hier im Bereich der Begriffe. Die Ähnlichkeit mit einer Denkmaschine ist kein Zufall. Kant stellt sich vor, dass bei allen Menschen das Denken prinzipiell gleich funktioniert, auch wenn wir unsere Erkenntniskräfte ganz unterschiedlich einsetzen.

GRUNDSÄTZE

Urteile werden von den Grundsätzen koordiniert. Ein Beispiel Kants für einen Grundsatz lautet: »Aus nichts wird nichts.« Ein weiterer ist der Satz des ausgeschlossenen Widerspruchs, der besagt, dass ein Ding A nicht zugleich Nicht-A sein kann. Besonders wichtig ist das Prinzip der Kausalität: Jede Veränderung hat eine Ursache.

Die Grundsätze erlauben es nicht, ein Urteil der Art »Dies ist ein Körper« mit dem Urteil »Dieses Ding kann man weder wiegen noch messen« zu kombinieren. Hierbei kommt der Grundsatz zur Geltung, dass jedes Objekt der Erfahrung mathematisch fassbar ist. Die Grundsätze schreiben also der Natur Gesetze vor (nach der sie sich richten muss, wenn wir sie erkennen können sollen). Hier liegt die Möglichkeit der Physik begründet. (Genaueres →S. 26 und 27.)

Die Grundsätze können selbst nicht mehr auf noch fundamentalere Grundsätze zurückgeführt werden. Sie sind »reine Urteile« und wie alle apriorischen Erkenntnisse allgemein und notwendig gültig. Dennoch erklären sich diese Sätze nicht durch eine Analyse ihrer Subjekte selbst. Daran zeigt sich, dass es sich um synthetische Sätze a priori handelt. Sie sind laut Kant möglich, weil sie Anwendungen der Kategorien bzw. »Erkenntnisse aus Begriffen« sind. Sie analysieren Kategorien (reine Begriffe) nicht, sondern verknüpfen sie unabhängig von konkreter Erfahrung, synthetisieren sie also a priori.

DING AN SICH

Was ist es, das auf die Sinne einwirkt? Es muss etwas geben: Kant nennt es das »Ding an sich«. Man kann allerdings nur sagen, dass es da sein muss, aber man kann es nicht unmittelbar erkennen: Denn alle Erkenntnis ist bereits vom Erkenntnisvermögen geprägt. Unabhängig von dieser Prägung – also »an sich« – ist eben keine Erkenntnis möglich. Deswegen ist es auch unmöglich zu sagen, ob das Ding an sich ein Objekt der Außenwelt ist oder ob es zur Innenwelt gehört.

Das Ding an sich provozierte schon zu Kants Lebzeiten viel Kritik. Wie können wir die Existenz von etwas annehmen, von dem wir nicht die leiseste Vorstellung haben sollen? Später erfand Georg Wilhelm Hegel in seiner dialektischen Philosophie zum »an sich« das »für uns« und verband beide im »an und für sich«. Johann Gottlieb Fichte hingegen interpretierte das Ding an sich als Ich, das aus sich selbst heraus die Dinge schöpft. Für Arthur Schopenhauer war das Ding an sich der »Wille«, eine Vorform des Unterbewusstseins. Kant hätte wohl von all dem nichts gehalten. Er war allerdings der Meinung, dass philosophische Meinungsverschiedenheiten letztlich der Vernunft zugutekommen.

KATEGORIENTAFEL ...

Urteile verknüpfen Begriffe – so, wie in einem Satz Worte miteinander verknüpft werden. Im Rückgriff auf die traditionelle Logik unterscheidet Kant zwischen vier Aspekten, unter denen Begriffe auf je drei Arten verknüpft werden können. So gelangt er zu seiner »Tafel der Urteilsformen«. Mit dieser Einteilung lässt sich die Vielfalt von Urteilen auf die überschaubare Anzahl von 12 Urteilsformen zurückführen.

Zwar benennt Kant jede Urteilsform, aber er gibt so gut wie kein Beispiel an. Die Sätze in den Klammern sollen verdeutlichen, was Kant mit seiner abstrakten Einteilung meint, auch wenn die Beispiele nicht von ihm stammen.

TAFEL DER URTEILSFORMEN

1.
Quantität der Urteile
Allgemeine
[Alle Blumen verwelken.]
Besondere
[Einige Blumen haben Dornen.]
Einzelne
[Diese Blume ist eine Rose.]

2.
Qualität
Bejahende
[Diese Rose ist rot.]
Verneinende
[Jene Rose ist nicht rot.]
Unendliche
[Diese Rose hat keine Dornen
(was auch immer ihre sonstigen
Eigenschaften sind).]

3.
Relation
Kategorische
[Dieses Dreieck hat einen
rechten Winkel.]
Hypothetische
[Wenn ein Dreieck einen
rechten Winkel hat, hat es
zwei spitze Winkel.]
Disjunktive
[Ein Dreieck ist entweder recht-
winklig oder spitzwinklig oder
stumpfwinklig.]

4.
Modalität
Problematische
[Diese Frau kann Mutter werden.]
Assertorische
[Diese Frau wird Mutter.]
Apodiktische
[Diese Frau muss Mutter werden.]

Bei dieser Einteilung geht es nur um Formen. Man kann aus ihnen nicht auf die Wahrheit der Urteile schließen. Diese Rose kann rot sein, sie kann aber auch gelb sein. Und jeder kann erst einmal behaupten, dass diese Frau Mutter werden kann. Kant entwirft weder mit der Tafel der Urteilsformen noch anderswo eine Wahrheitsmaschine, sondern er zeichnet die Grundzüge des Denkens und Erkennens nach. Er will das Denken in geordnete Bahnen lenken, aber er will es nicht zum Stillstand bringen, denn das wäre »der Todesschlaf durch Philosophie«.

Wie der Verstand Begriffe verknüpft, um Urteile zu bilden, so verknüpft er auch Sinneseindrücke mit Begriffen. Weil eine Urteilsbildung also genauso funktioniert wie eine Begriffsbildung, entwirft Kant analog zur Tafel der Urteilsformen die Kategorientafel. Als Set der 12 fundamentalsten Begriffe ist sie das vielleicht bekannteste und kurioseste Detail der »Kritik der reinen Vernunft« – allerdings nicht das wichtigste.

TAFEL DER KATEGORIEN

1.
Der Quantität:
Einheit
Vielheit
Allheit.

2.
Der Qualität:
Realität
Negation
Limitation.

3.
Der Relation:
der Inhärenz und Subsistenz
der Kausalität und Dependenz
der Gemeinschaft.

4.
Der Modalität:
Möglichkeit – Unmöglichkeit
Dasein – Nichtsein
Notwendigkeit – Zufälligkeit.

Von Anfang an zog die Kategorientafel zahlreiche Einsprüche auf sich. Schopenhauer sprach von einer »bloßen Flause«, einer »überflüssigen und grundlosen Annahme« und nannte die Kategorien »blinde Fenster«. Auch in der modernen Philosophie folgt niemand Kants Einteilung. Und doch ist eines unbestritten: dass es überhaupt Urteilsformen und Kategorien gibt.

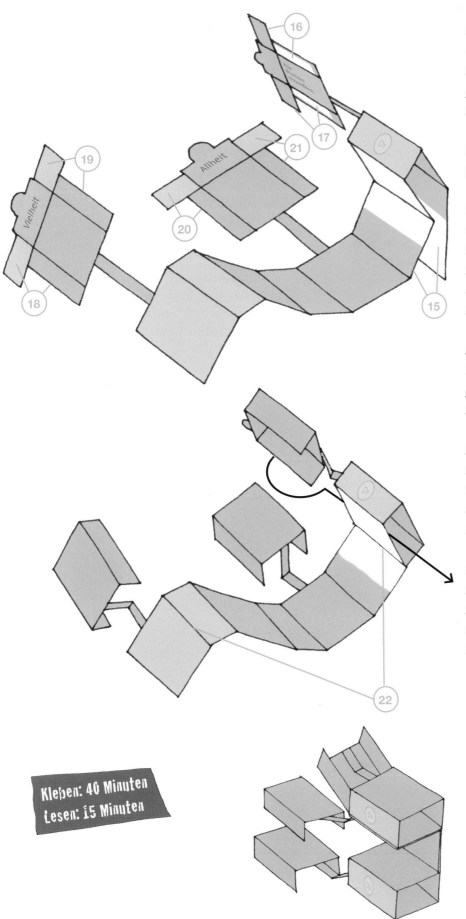

Die vier Bauteile auf den Seiten 61 und 63 heraustrennen und wie in der Skizze knicken: Die gepunkteten Linien gelangen dabei immer auf die Außenseite der Knicke.

Die Klebeflächen 15 bis 46 kleben (D bis G noch nicht).

Beim Kleben wie in der Zeichnung vorgehen: Nach der jeweils ersten Klebefläche eines Bauteils werden die Schubladen geklebt. Dabei gelangen die Beispielsätze auf die Innenseite der Schubladenböden.

Anschließend werden die Schubladen umgedreht und durch das Regal gesteckt. Ihre bisherige Oberseite zeigt nun nach unten.

Zum Schluss muss sich die Klebefläche D1 (bei den anderen Teilen E1, F1 und G1) über D2 (E2, F2 und G2) befinden, die Beschriftung darf nicht auf dem Kopf stehen.

Es entstehen vier Kästen mit je drei Schubladen. Wer hier aufhört, weiterzubasteln, dem geht es wie vielen Kant-Lesern: Sie geben auf, bevor das Beste kommt!

Kleben: 40 Minuten
Lesen: 15 Minuten

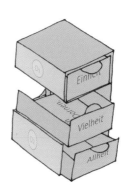

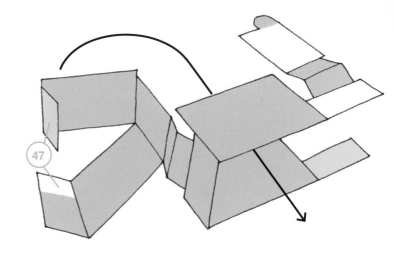

... UND TAFEL DER GRUNDSÄTZE

Aus der Kategorientafel folgt bei Kant die Tafel der Grundsätze. Ihre Einteilung ist genauso undurchsichtig, der Inhalt allerdings gut nachvollziehbar. Kant unterscheidet zwischen mathematischen und dynamischen Grundsätzen. Die mathematischen Grundsätze (1. und 2.) besagen, dass Dinge in Größen gemessen werden, die sich nicht willkürlich ändern. Die dynamischen Grundsätze (3. und 4.) bestimmen das Verhältnis der Dinge untereinander (z.B. als kausal) und in Bezug auf uns (als möglich/wirklich/notwendig).

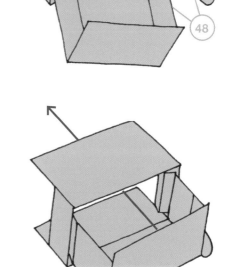

TAFEL DER GRUNDSÄTZE

1.
Axiome
der
Anschauung

2.
Antizipationen
der
Wahrnehmung

3.
Analogien
der
Erfahrung

4.
Postulate
des
empirischen Denkens
überhaupt

AXIOME DER ANSCHAUUNG

Dieses Prinzip bestimmt, dass man alle Anschauungen quantitativ messen kann und diese Maße vergleichen, zusammenzählen und voneinander abziehen. Zum Beispiel: 5x+7x=12x.

Dieser Satz ist kein analytischer Satz, und er ist aus keiner konkreten Erfahrung gewonnen. Es ist ein synthetischer Satz a priori (gilt also notwendig und allgemein).

Die sieben Bauteile auf den Seiten 65 und 69 heraustrennen und knicken (rechts).
Die Klebeflächen 47 bis 65 kleben (H bis L noch nicht).

Ein Bauteil wird wie in der Zeichnung links gebaut, zwei weitere sind dazu spiegelverkehrt. Immer gelangen nach dem Kleben der ersten Fläche die Beispielsätze auf die Innenseite der Fächer. Anschließend werden die Schubladen von hinten um ihre eine Achse nach vorne gedreht und fertig geklebt.

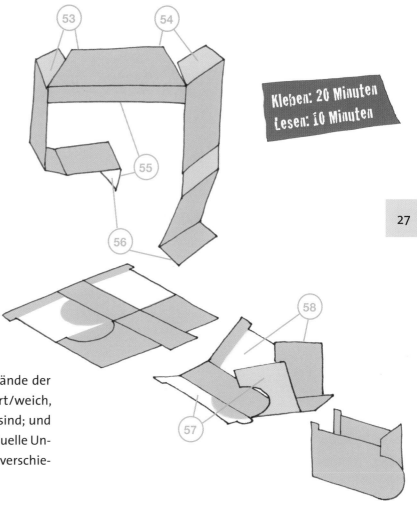

Kleben: 20 Minuten
Lesen: 10 Minuten

27

ANTIZIPATIONEN DER WAHRNEHMUNG

Dieses Prinzip bestimmt, dass Gegenstände der Erfahrung mit Empfindungen wie hart/weich, hoch/tief, hell/dunkel usw. verbunden sind; und diese Empfindungen haben jeweils graduelle Unterschiede. Suppe kann beispielsweise verschieden heiß sein.

ANALOGIEN DER ERFAHRUNG

Dieses Prinzip bestimmt, dass Wahrnehmungen miteinander verknüpft sind. Diese Verknüpfung besteht erstens im Substanzerhaltungssatz (»Aus nichts wird nichts«: Substanz ändert sich nicht willkürlich, geht grundlos verloren oder entsteht); zweitens im Kausalitätsprinzip (Jede Veränderung hat eine Ursache); und drittens im Prinzip der Wechselwirkung (Substanzen, die gleichzeitig existieren, beeinflussen sich gegenseitig, so wie die Erde den Mond und gleichzeitig der Mond die Erde anzieht).

Die »Analogien der Erfahrung« sind »die eigentlichen Naturgesetze«, weil sie die Grundstruktur bilden, die Erfahrungswissen ermöglicht – zum Beispiel in einem Experiment. Natürlich handelt es sich auch dabei um synthetische Sätze a priori.

POSTULATE DES EMPIRISCHEN DENKENS ÜBERHAUPT

Diese Postulate bestimmen das Verhältnis der Dinge zu unserem Denken. Was – gemäß den Bedingungen der Möglichkeit von Erfahrung – gedacht werden kann, ist möglich. Was – gemäß diesen Bedingungen – wahrgenommen wird, ist wirklich. Was – gemäß diesen Bedingungen – nicht anders sein kann, existiert notwendig.

Besonders wichtig ist die von Kant (in der Ausgabe B) hier eingeordnete »Widerlegung des Idealismus«. Darin argumentiert er, dass die Dinge tatsächlich vorhanden sind, auch wenn ihre Beschaffenheit »an sich« unerkennbar bleibt.

DIE TRANSZENDENTALE DIALEKTIK

DIALEKTIK

In der »transzendentalen Dialektik« beschreibt Kant das Vermögen der Vernunft, Schlüsse zu ziehen. Insbesondere geht es um bestimmte Fehler der Vernunft, die beinahe zwangsläufig immer wieder begangen werden. Die »Dialektik« ist der zweite Teil der Logik, mit ihr endet die »Elementarlehre«: Sie ist eine Sackgasse des theoretischen Erkennens, ein Abgrund, der sich beim Denken plötzlich auftut.

Kant gibt damit einem alten philosophischen Begriff eine neue Bedeutung. Die Dialektik war bei Platon und Aristoteles eine Kunst, Argumente und Gegenargumente zur Klärung eines Sachverhalts einzusetzen. Hegel entwickelt nach Kant wieder ein neues Verständnis von Dialektik: als Einheit der Gegensätze.

VERNUNFT

Die Vernunft strebt nach dem Unbedingten. Sie verbindet Urteile mittels Schlüssen und ordnet sie in einen gemeinsamen Zusammenhang ein. Das Urteil »Dies ist eine rote Rose« ist beispielsweise von allgemeineren Urteilen bedingt (»Rosen haben Farben« oder »Rot ist eine Farbe« etc.). Die Vernunft strebt immer zum allgemeinsten Urteil, das nicht mehr bedingt ist – zum Unbedingten. Die Ordnungen, die sich dabei ausbilden, sind an den Ideen »Seele«, »Welt«, »Gott« ausgerichtet. Die Vernunft wird deswegen auch das »Vermögen der Ideen« genannt.

Achtung: Die Vernunft ist hier – also in der Dialektik – im engeren Sinne zu verstehen. Im Titel »Kritik der reinen Vernunft« allerdings ist mit ihr die Gesamtheit der Kräfte des Gemüts überhaupt gemeint: also nicht nur das Schließen, sondern auch das Denken überhaupt und ebenso die sinnliche Wahrnehmung. Übersichtlich zeigt das der fertige Würfel (→S. 42–44).

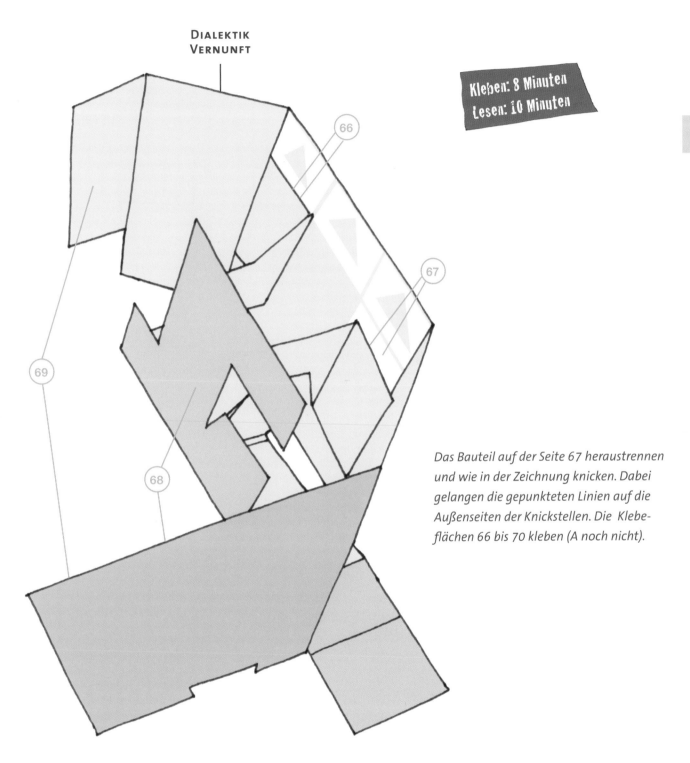

DIALEKTIK VERNUNFT

66

67

69

68

Kleben: 8 Minuten
Lesen: 10 Minuten

Das Bauteil auf der Seite 67 heraustrennen und wie in der Zeichnung knicken. Dabei gelangen die gepunkteten Linien auf die Außenseiten der Knickstellen. Die Klebeflächen 66 bis 70 kleben (A noch nicht).

DIE TRANSZENDENTALE DIALEKTIK

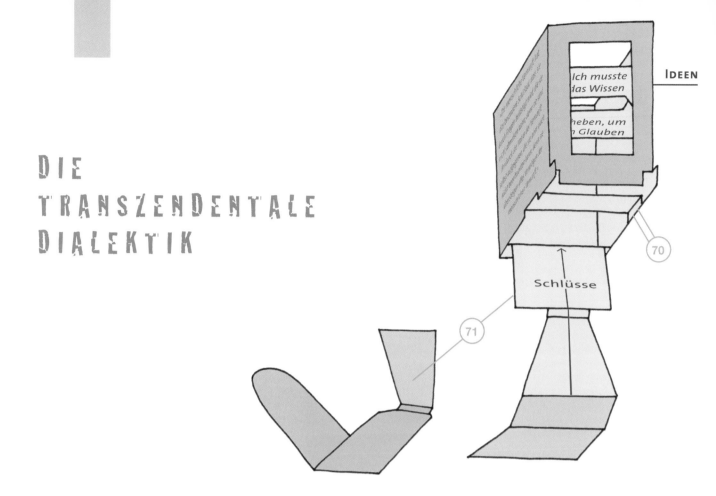

IDEEN

Ich musste
das Wissen

heben, um
n Glauben

70

71

Schlüsse

IDEEN

Die Ideen sind keine »Dinge«, sondern so etwas wie Wegweiser – Kant bezeichnet sie als »regulative Prinzipien«, weil sie Regeln ähnlich sind. Er unterscheidet die Idee der Seele (welche die Erscheinungen der Innenwelt betrifft), die Idee der Welt (welche die Erscheinungen der Außenwelt betrifft) und die Idee Gottes (welche ein höchstes Wesen oder die Einheit des Denkens betrifft). Die drei Wegweiser führen also zu drei Wissensgebieten: der Psychologie, der Naturwissenschaft und der Theologie. Das Urteil »Dies ist eine Rose« gehört zur Idee »Welt« und insofern zum Bereich der Naturwissenschaft.

SCHLÜSSE

Schlüsse verbinden Urteile miteinander. Besonders bekannt sind logische Schlussfolgerungen wie: Alle Menschen sind sterblich, und Sokrates ist ein Mensch; also ist Sokrates sterblich.

Kant interessiert sich weniger für logische Fehlschlüsse (»Also heißen sterbliche Menschen Sokrates«) als für alle Fehler, die mit den Ideen »Seele«, »Welt« und »Gott« zu tun haben. Ein Beispiel wäre: Menschen sind sterblich, aber Seelen sind so unsterblich wie die Atome des menschlichen Körpers. Solche Fehler passieren ständig im menschlichen Denken, weil die Vernunft nach dem Unbedingten strebt, aber unbedingte Erkenntnis nicht möglich ist. Auch die Philosophie war und ist voll von diesen Fehlern. Kant erklärt, wie sie entstehen. (Genaueres →S. 32–35.)

Das längliche Bauteil auf der Seite 69 heraustrennen, wie in der Zeichnung knicken und mit der Klebefläche 71 sorgfältig an das Dialektik-Bauteil kleben. Hier wie beim ganzen Würfel keinen Klebestift verwenden, sondern Flüssigklebstoff.

Kleben: 2 Minuten
Lesen: 10 Minuten

»DIE MENSCHLICHE VERNUNFT HAT DAS BESONDERE SCHICKSAL, DASS SIE DURCH FRAGEN ...

... belästigt wird, die sie nicht abweisen kann; denn sie sind ihr durch die Natur der Vernunft selbst aufgegeben, die sie aber auch nicht beantworten kann; denn sie übersteigen alles Vermögen der menschlichen Vernunft.«

Je mehr Sinneseindrücke zu Anschauungen werden und Begriffe zugeordnet bekommen, desto mehr Urteile entstehen. Diese Vielzahl könnte man einfach stehen lassen. Doch der Mensch ist nicht so, weiß Kant. Er möchte die mannigfaltigen Urteile zu einer Einheit zusammenfassen.

Der Mensch hat mit der Vernunft auch das Bedürfnis nach Metaphysik: Er möchte die höhere Ordnung der Dinge erkennen. Es ist vielleicht das wichtigste Anliegen Kants, in der »Kritik der reinen Vernunft« zu zeigen, wie die metaphysischen Fragen entstehen und warum keine eindeutige Antwort auf sie möglich ist.

»ICH MUSSTE DAS WISSEN AUFHEBEN, UM ZUM GLAUBEN PLATZ ZU BEKOMMEN.«

Wegen seiner fundamentalen Kritik an der Metaphysik ist Kant von seinem Kollegen Moses Mendelssohn als »Alleszermalmer« bezeichnet worden. Die Verbannung aller Metaphysik aus dem Reich der Wissenschaft galt lange als sein wichtigstes Verdienst. Und Kant sagt selbst: »Der größte und vielleicht einzige Nutzen aller Philosophie der reinen Vernunft ist also wohl nur negativ.«

Kant räumt ein Gebiet leer – und schafft damit Platz zum Glauben. Gleichzeitig weist er auf ein neues Gebiet hin: die Praxis. Wenn der Mensch sich seiner Grenzen als Erkennender bewusst ist, kann er sich auf sein Handeln konzentrieren. Dieser Spur folgt Kant im zweiten Teil, der »Methodenlehre«, und über die »Kritik der reinen Vernunft« hinaus. Auf die Erkenntnistheorie folgt die Moralphilosophie.

PARALOGISMEN ...

PARALOGISMEN

Paralogismen sind Fehlschlüsse. Man begeht sie,
wenn man die Seele – das Ich, das Bewusstsein,
das Selbstgefühl – als Ding versteht. Laut Kant
ist die Seele aber kein Ding wie ein Körper, sondern sie ist das Ich in Sätzen wie »Ich denke« und
»Ich fühle«: eine Art Bezugspunkt des individu-
ellen Lebens oder eben eine Idee. Und deswegen
lassen sich über die Seele keine Aussagen treffen
wie über ein Ding: Man kann also weder sagen,
die Seele sei sterblich (und höre ähnlich wie der
Körper nach dem Tod auf zu existieren), noch lässt
sich behaupten, die Seele sei unsterblich (und be-
stehe ähnlich wie die Atome des Körpers über den
Tod hinaus fort).

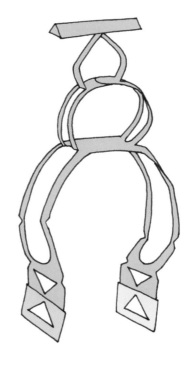

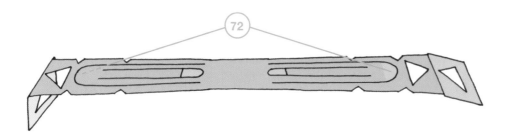

Kleben: 5 Minuten
Lesen: 8 Minuten

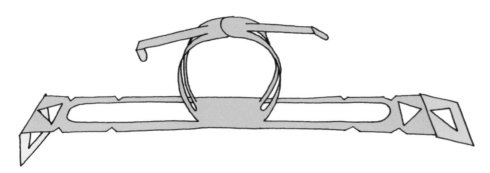

Die letzten sechs Bauteile auf Seite 69 heraustrennen und die gepunkteten Knickstellen gemäß
der Zeichnung knicken.

Die gelben Klebeflächen zeigen nach oben.

Die Klebeflächen 72 bis 76 zusammenkleben.

Die Zeichnungen zeigen, wie die Mittelteile der
länglichen Bauteile jeweils nach oben gebogen
und zusammengeklebt werden (wobei die gelbe
Fläche über der weißen liegt). Zum Schluss
werden sie mit einem Griff versehen.

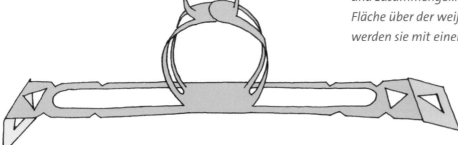

... ANTINOMIEN UND DAS IDEAL DER REINEN VERNUNFT

IDEAL DER REINEN
VERNUNFT

ANTINOMIEN

PARALOGISMEN

91

84

77

Mit den Flächen 77 und 78 werden die »Paralogismen« in die »Dialektik« geklebt (oben). Anschließend werden sie eingeklappt (rechts).

Nun die Flächen 79 bis 92 kleben.

ANTINOMIEN

Antinomien sind unvereinbare Widersprüche. Man verstrickt sich in sie, wenn man die Welt – die Gesamtheit der erfahrbaren Dinge – selbst als Ding versteht. Dann kommt man zu Aussagen, die sich widersprechen:

Die Welt hat einen Anfang in der Zeit. – Die Welt hat keinen Anfang in der Zeit.

Die Welt ist aus unteilbaren Substanzen zusammengesetzt. – Sie ist aus teilbaren Substanzen zusammengesetzt.

Der freie Wille kann den Lauf der Welt ändern. – In der Welt ist alles nach Gesetzen vorherbestimmt.

Die Welt wird von einer höheren Notwendigkeit gelenkt. – Die Welt ist vom Zufall beherrscht.

Kant zeigt, dass alle diese Positionen in sich stimmig sind – und doch kann keine von ihnen stimmen, denn auch das Gegenteil lässt sich ebenso stimmig behaupten. Die Vernunft gerät also in Widerstreit mit sich selbst, wenn man über die Welt wie über ein Ding redet, obwohl sie laut Kant eine Idee ist: Die Welt ist nicht die Summe der Materie, die es (in der Welt, im Weltall) gibt, sondern eine Art Oberbegriff, unter den alles fällt, was Gegenstand der Erfahrung sein kann.

IDEAL DER REINEN VERNUNFT

Die Vernunft möchte, dass alle Gegenstände des Denkens eine Einheit bilden, aber diese Einheit ist nur eine Idee – ein Ziel, ein Wunsch. Als Verkörperung dieses Ideals gilt Gott. Alle Beweise, die seine Existenz als so evident behaupten wollen wie die Existenz eines Dinges, müssen scheitern, weil Gott kein Ding ist. Kant widerlegt drei herkömmliche Gottesbeweise:

Der ontologische Gottesbeweis leitet die Existenz Gottes aus der Tatsache ab, dass ein höchstes Wesen gedacht werden muss, wenn überhaupt gedacht wird: Die Bedingtheit der Dinge ist nicht möglich ohne ein höchstes Ding, die Unbedingtheit. Kant hingegen unterscheidet: Gott muss zwar gedacht, kann aber nicht erkannt werden. Er ist eine Idee, kein Ding.

Der kosmologische Beweis leitet die Existenz Gottes aus dem physischen Dasein der Welt ab. Nur: Die Welt als Planet Erde setzt für ihre Entstehung zwar physische Ursachen voraus, die aber nicht mit Gott gleichgesetzt werden müssen; und die Welt als Idee setzt gar keine physischen Ursachen voraus.

Der physikotheologische Beweis leitet die Existenz Gottes aus der harmonischen Ordnung der Welt ab. Die Welt scheint so planvoll eingerichtet, als folge sie einem Ziel, als wäre sie von einer höheren Macht geschaffen. Das ist jedoch eine bloße Annahme, eine Idee, die wir in die Welt hineintragen – und erlaubt nicht den Schluss auf die Existenz Gottes.

Kleben: 15 Minuten
Lesen: 12 Minuten

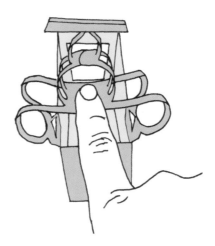

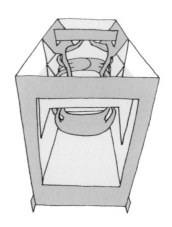

DIE TRANSZENDENTALE METHODENLEHRE

METHODENLEHRE

Die Methodenlehre ist der zweite Hauptteil der »Kritik der reinen Vernunft«. Sie präsentiert das Ergebnis der vorangegangenen Abrechnung mit der bisherigen Metaphysik. Die Methodenlehre ist im Vergleich zur Elementarlehre sehr kurz, allerdings ganz und gar nicht unwichtig. Sie gibt dem ganzen Buch und der kritischen Philosophie eine neue Richtung – und zwar zur Praxis hin.

Die Methodenlehre handelt davon, wie eine Methode auszusehen hätte, die »ein vollständiges System der reinen Vernunft« ermöglichen würde. Sie enthält Bedingungen und Richtlinien des richtigen metaphysischen Vernunftgebrauchs, die in vier Teile gegliedert sind. Kant vergleicht die Methodenlehre mit einem Bauplan – während die vorangegangene Elementarlehre das Material sichtete. Die bisherige Metaphysik gleiche dem Turmbau zu Babel. Das neue Projekt sei viel bescheidener: Es gleiche einem Wohnhaus, das unseren Bedürfnissen angemessen sei. Wir kommen bequem darin unter, wenn auch nicht für alle Ewigkeit.

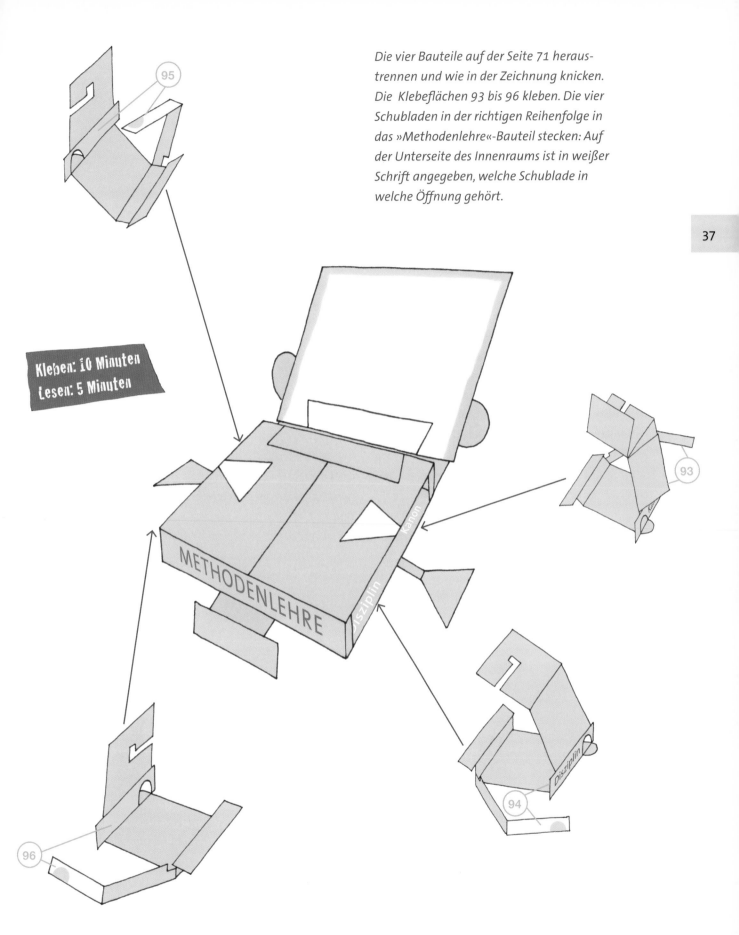

Die vier Bauteile auf der Seite 71 heraustrennen und wie in der Zeichnung knicken.
Die Klebeflächen 93 bis 96 kleben. Die vier
Schubladen in der richtigen Reihenfolge in
das »Methodenlehre«-Bauteil stecken: Auf
der Unterseite des Innenraums ist in weißer
Schrift angegeben, welche Schublade in
welche Öffnung gehört.

Kleben: 10 Minuten
Lesen: 5 Minuten

METHODENLEHRE

95

93

94

96

DIE TRANSZENDENTALE METHODENLEHRE

DISZIPLIN

In diesem Abschnitt mahnt Kant Disziplin in der Erkenntnismethode an, insbesondere was Metaphysik betrifft. Er sichtet die Ausrüstung für den zukünftigen Weg der Philosophie, um »Blendwerke«, »Täuschungen« und »Hirngespinste« von nun an zu vermeiden.

Philosophie muss in ihrem Anspruch bescheiden sein: Es gibt keine philosophischen Erkenntnisse von mathematischer Gewissheit. Sie darf aber auch nicht mutlos werden und den Anspruch auf Metaphysik ganz aufgeben. Dabei soll Philosophie immer offen für Kritik bleiben, ohne sich der Skepsis zu ergeben. Im vernünftigen Streit kann die Vernunft nur gewinnen!

KANON

Bisher hat Kant meist gezeigt, was man nicht erkennen kann und nicht behaupten darf. Im Kanon eröffnet er den Ausblick auf ein Leben, das vom richtigen Vernunftgebrauch geleitet wird. Nachdem die Frage »Was kann ich wissen?« beantwortet ist, geraten die anderen Leitfragen in den Blick: Was soll ich tun? Was darf ich hoffen?

Kants Antwort lautet: »Tue das, wodurch du würdig wirst, glücklich zu sein.« Diese Grundregel ist die Vorform des kategorischen Imperativs – des zentralen Satzes seiner praktischen Philosophie, den er in seinem nächsten großen Buch entwickelt, der »Kritik der praktischen Vernunft«.

Als handelnder Mensch ist man frei – ganz unabhängig davon, dass wir in theoretischer Hinsicht nicht entscheiden können, ob es tatsächlich Freiheit gibt. Ganz ähnlich verhält es sich mit Gott und der Unsterblichkeit der Seele: Selbst wenn wir nicht wissen können, ob es sie gibt, sollen wir doch so handeln, als ob es Gott gäbe, als ob die Seele unsterblich wäre. Wenn wir so leben, sind wir glückswürdig.

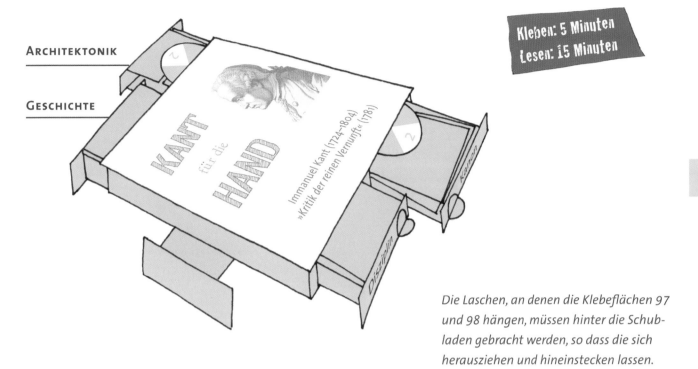

ARCHITEKTONIK

GESCHICHTE

Kleben: 5 Minuten
Lesen: 15 Minuten

KANT
für die
HAND

Immanuel Kant (1724–1804)
»Kritik der reinen Vernunft« (1781)

Disziplin

Kanon

Die Laschen, an denen die Klebeflächen 97 und 98 hängen, müssen hinter die Schubladen gebracht werden, so dass die sich herausziehen und hineinstecken lassen.

Zuletzt die Klebefläche 99 kleben.

Wie die Schubladen herausgezogen und ineinander verhakt werden, zeigt die Zeichnung auf Seite 44.

ARCHITEKTONIK

Für Kant besteht Wissenschaft nicht in der bloßen Ansammlung von Wissen. Wichtig ist auch die Ordnung, die Wissensbereiche festlegt und Beziehungen dazwischen herstellt. In der Architektonik plädiert Kant für Formbewusstsein in der Philosophie. Auch wenn sich historisch bereits verschiedene Formen und Bereiche der Philosophie herausgebildet haben: Es gibt bisher keine feste Gestalt dieser Vernunftwissenschaft, und deswegen kann man auch »niemals Philosophie, sondern höchstens nur philosophieren lernen«. Nun soll Philosophie endlich den Weg der Wissenschaft nehmen, den einzigen, der »niemals verwächst und keine Verirrungen verstattet«.

GESCHICHTE

Auf nur vier Seiten skizziert Kant zum Schluss, welche Wege die Philosophie bisher genommen hat, welche Gegenpositionen sich herausgebildet und gegenseitig befruchtet haben und welche Etappen dabei zurückgelegt wurden. Er stellt fest, dass der genaue historische Verlauf dieser Entwicklung noch herausgearbeitet werden muss, wenn das System der reinen Vernunft vollständig werden soll. Sicher sei jedenfalls, dass die bisherigen Wege Sackgassen, Um- und Irrwege waren: »Der kritische Weg ist allein noch offen.« Und tatsächlich wurde seitdem hauptsächlich dieser Weg beschritten. Auch lange nach Kant kommen viele Denker häufig auf ihn zurück.

39

AUFBAU UND GLIEDERUNG
DER »KRITIK DER REINEN VERNUNFT«:
DIE EINZELTEILE ZUSAMMENBAUEN

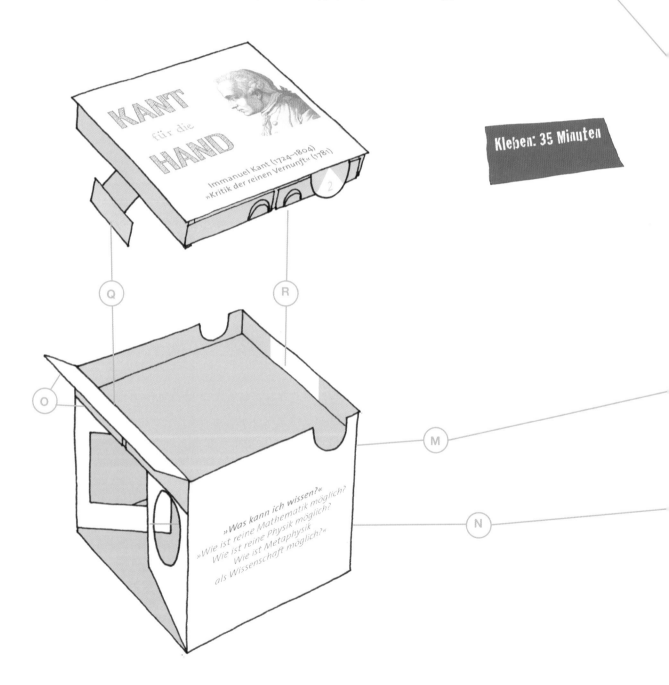

Kleben: 35 Minuten

KANT
für die
HAND

Immanuel Kant (1724–1804)
»Kritik der reinen Vernunft« (1781)

»Was kann ich wissen?«
»Wie ist reine Mathematik möglich?
Wie ist reine Physik möglich?
Wie ist Metaphysik
als Wissenschaft möglich?«

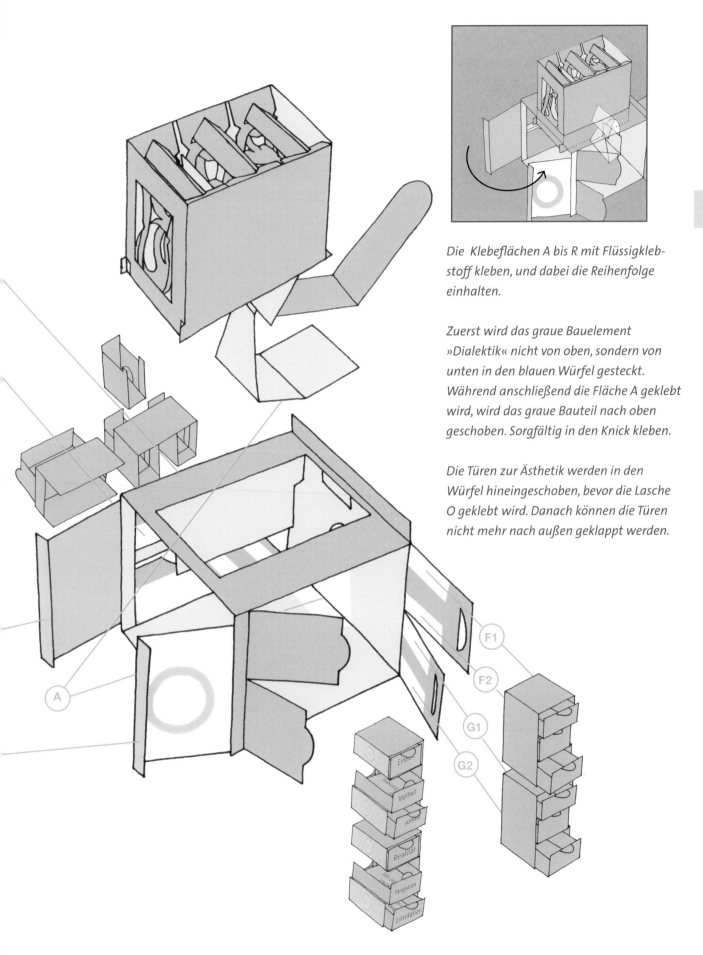

Die Klebeflächen A bis R mit Flüssigkleb-stoff kleben, und dabei die Reihenfolge einhalten.

Zuerst wird das graue Bauelement »Dialektik« nicht von oben, sondern von unten in den blauen Würfel gesteckt. Während anschließend die Fläche A geklebt wird, wird das graue Bauteil nach oben geschoben. Sorgfältig in den Knick kleben.

Die Türen zur Ästhetik werden in den Würfel hineingeschoben, bevor die Lasche O geklebt wird. Danach können die Türen nicht mehr nach außen geklappt werden.

F1

F2

G1

G2

A

Einheit

Vielheit

Allheit

Realität

Negation

Limitation

DIE ELEMENTARLEHRE ...

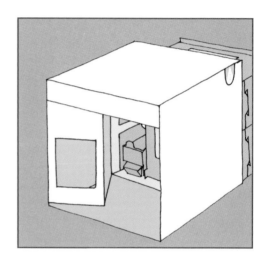

*Die Lasche 1 (»Elementarlehre«)
waagerecht vom Würfel wegziehen:
Während sich auf der einen Seite
die Türen der Ästhetik (»Raum« und
»Zeit«) nach innen öffnen, erscheint
auf der anderen Seite die Analytik.
Vorsichtig und fest weiterziehen: Die
Dialektik hebt sich aus dem Würfel.
Das Ende der Lasche 1 nach unten
einrasten lassen.*

*Den Griff eines »Ideen«-Bauteils
mit zwei Fingern einer Hand fassen,
während ein Finger der anderen Hand
eine Seite der Halterung zurück-
schiebt, bis das Ende des Griffs
freiliegt. Dann hochziehen.*

*Mit einem Klicken öffnen und
schließen sich die Türen der Kategorien
und der Grundsätze. Alle Schubladen
hingegen bewegen sich geräuschlos.*

**Vor dem Einklappen des grauen
»Dialektik«-Elements muss vorher
immer die lange Lasche 1 aus ihrer
Halterung gelöst werden und in
den Innenraum des Würfels zurück-
geschoben werden – damit sie
auch später wieder herausgezogen
werden kann. Auch sonst erfolgt das
Einklappen entgegengesetzt zum
Ausklappen.**

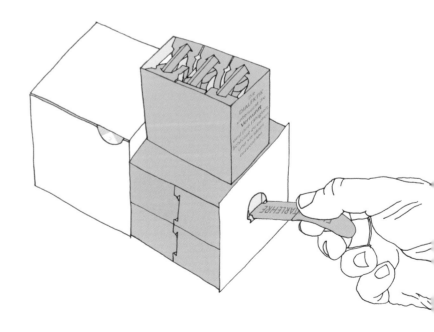

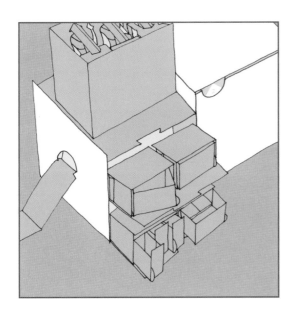

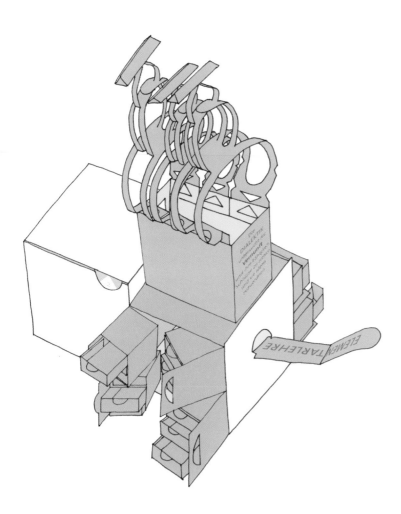

ELEMENTARLEHRE
Vernunft (im weiteren Sinne) in theoretischer Hinsicht

Ästhetik
Sinnlichkeit Vermögen der Anschauung

Logik
Verstand (überhaupt) Vermögen des Denkens

ANALYTIK
Verstand (im Besonderen) Vermögen der Begriffe

DIALEKTIK
Vernunft (im engeren Sinne) Vermögen der Ideen und Schlüsse

... UND DIE METHODENLEHRE

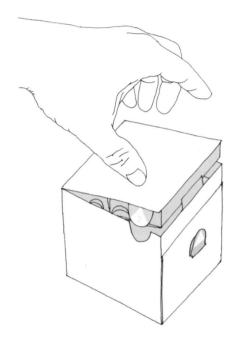

Die Methodenlehre entfaltet sich, wenn die Laschen 2 mit Daumen und Zeigefinger gefasst und nach oben gezogen werden.

Die vier Schubladen herausziehen und deren Inhalt ausklappen. Die gegenüberliegenden Laschen ineinander verhaken.

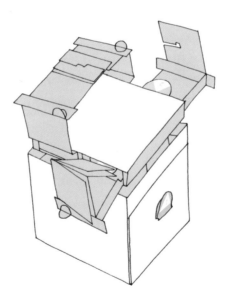

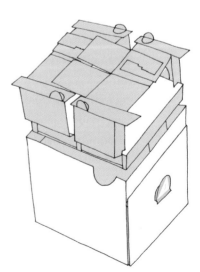

> **METHODENLEHRE**
>
> Vernunft
> in praktischer Hinsicht

45

Der »Kant für die Hand«-Würfel ist vollständig ausge-
klappt. Die verschiedenen Farben verweisen auf die
einzelnen Teile, aus denen die »Kritik der reinen Vernunft«
aufgebaut ist. (Ihren genauen Zusammenhang stellen
auch die farbigen Kästen auf Seite 43 und 44 dar.)

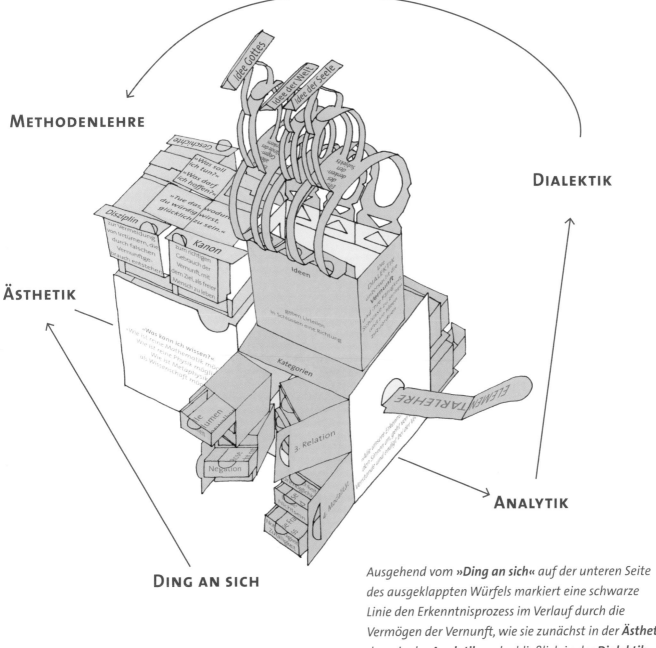

METHODENLEHRE

DIALEKTIK

ÄSTHETIK

ANALYTIK

DING AN SICH

Ausgehend vom **»Ding an sich«** auf der unteren Seite
des ausgeklappten Würfels markiert eine schwarze
Linie den Erkenntnisprozess im Verlauf durch die
Vermögen der Vernunft, wie sie zunächst in der **Ästhetik**,
dann in der **Analytik** und schließlich in der **Dialektik**
beschrieben werden. Hier endet der Erkenntnisprozess
der theoretischen Vernunft, von wo aus der Sprung in
die Praxis zu tun ist: Dieser richtige Weg der Vernunft
(ohne die Sackgasse der Dialektik) ist das Thema der
Methodenlehre.

DANK

Den Entstehungsprozess von »Kant für die Hand«
begleitete Jana Richter mit Begeisterung, Neugier
und praktischen Ratschlägen. Zudem verdankt
sich dem aktiven Austausch mit Christof Haug,
Florian Gutmann, Rocco Zühlke und Viktor Berger,
dass aus vagen Ideen und Skizzen nach vielen Jahren ein Buch wurde.

Für Ermutigung und selbstlose Hilfe danken
möchte ich ebenfalls Jens Komossa, Ingo und
Edith Kottkamp, Nikola Richter, Beatrice Faßben-
der, Rainer Totzke, Ali Ghandtschi, Sonja Kopp, Ma-
rie Cathleen Haff, Daniel Widmann, Ricarda Mül-
ler, Giselind Rinn, Julia und Marc Völker, Anita und
David Richter, Christiane Richter und Ingo Dollek
sowie Michael Merschmeier, Rüdiger Safranski,
Susanne Hauser und Hans Poser.

Verlagsgruppe Random House FSC-DEU-0100
Das für dieses Buch verwendete FSC®-zertifizierte Papier
Hello Fat Matt 1,1 liefert Condat,
Le Lardin-Saint-Lazare, Frankreich.

2. Auflage
© 2011 beim Albrecht Knaus Verlag, München,
in der Verlagsgruppe Random House GmbH
Umschlaggestaltung: bürosüd°, München
Zeichnungen: Hanno Depner
Gesetzt aus der Scala von Buch-Werkstatt GmbH, Bad Aibling
Druck und Einband: Sachsendruck Plauen GmbH
Printed in Germany
ISBN 978-3-8135-0389-1

www.knaus-verlag.de

KANT
für die
HAND

Habe Mut, Dich Deines
eigenen Verstandes zu bedienen –
und fang an zu basteln ...

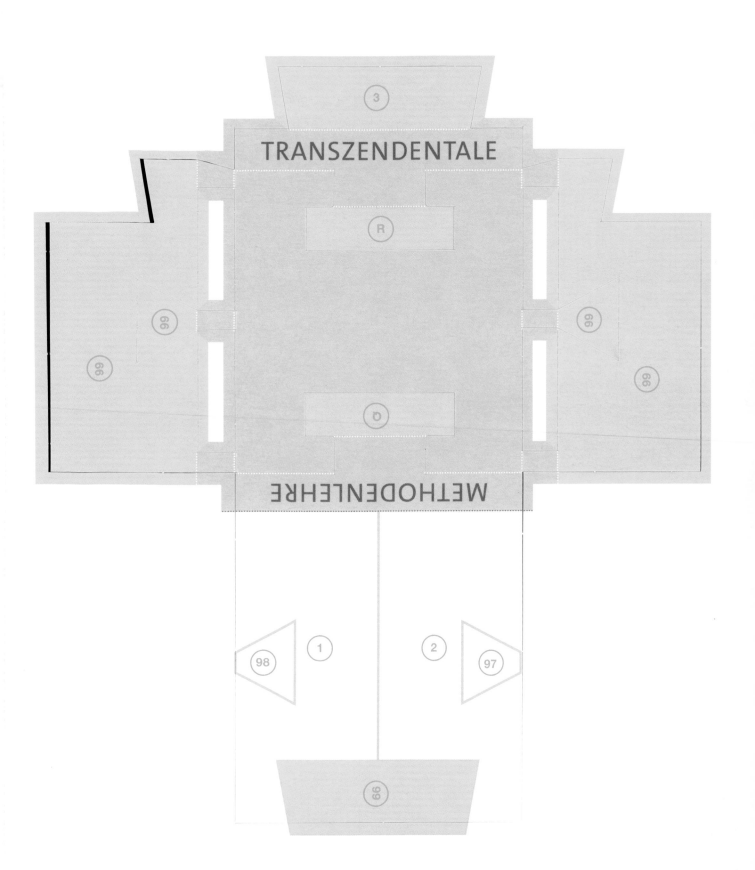

TRANSZENDENTALE

METHODENLEHRE

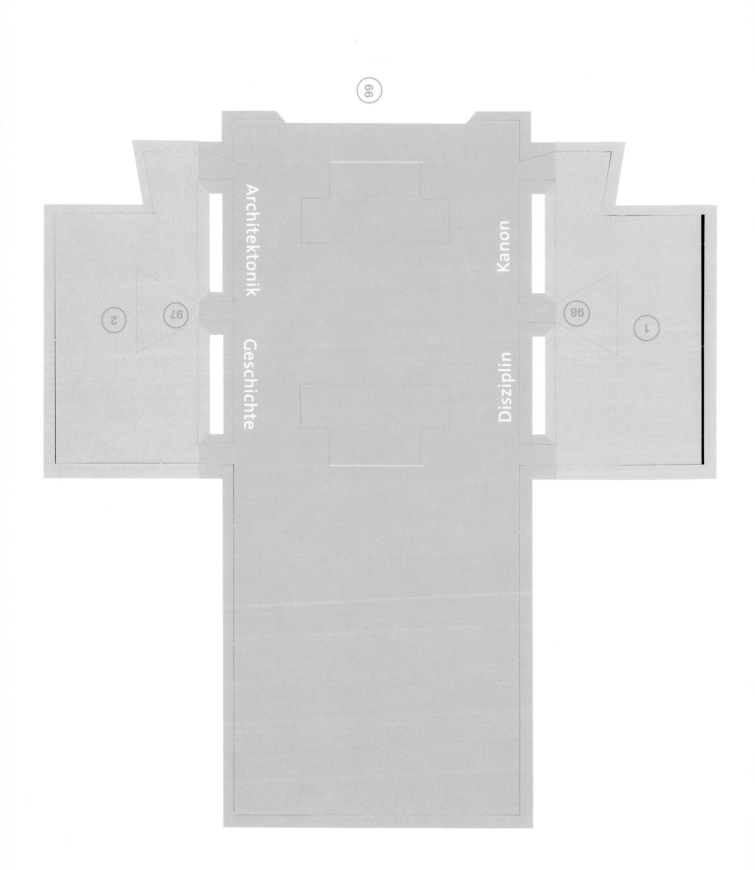

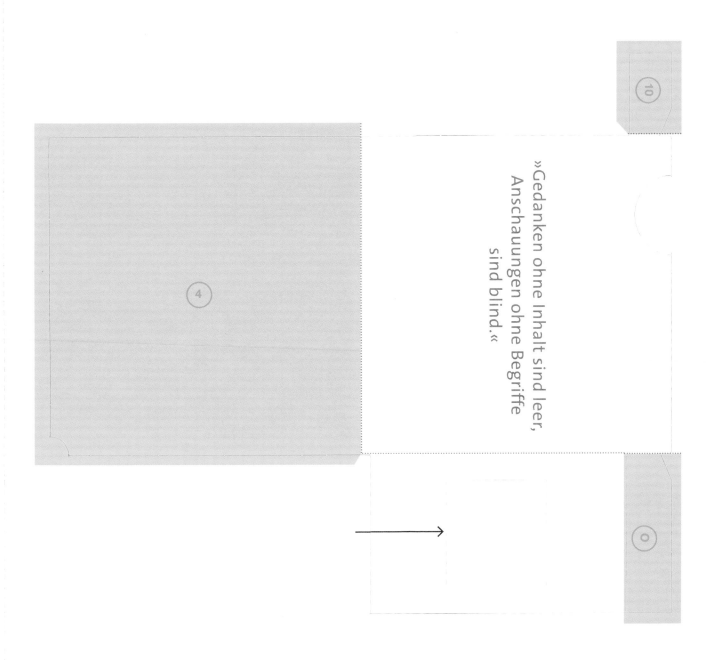

»Gedanken ohne Inhalt sind leer,
Anschauungen ohne Begriffe
sind blind.«

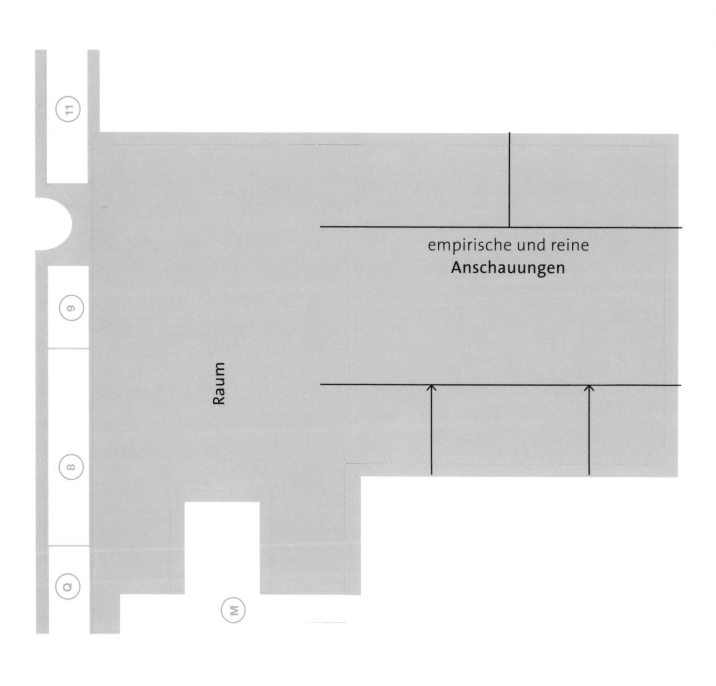

Raum

empirische und reine
Anschauungen

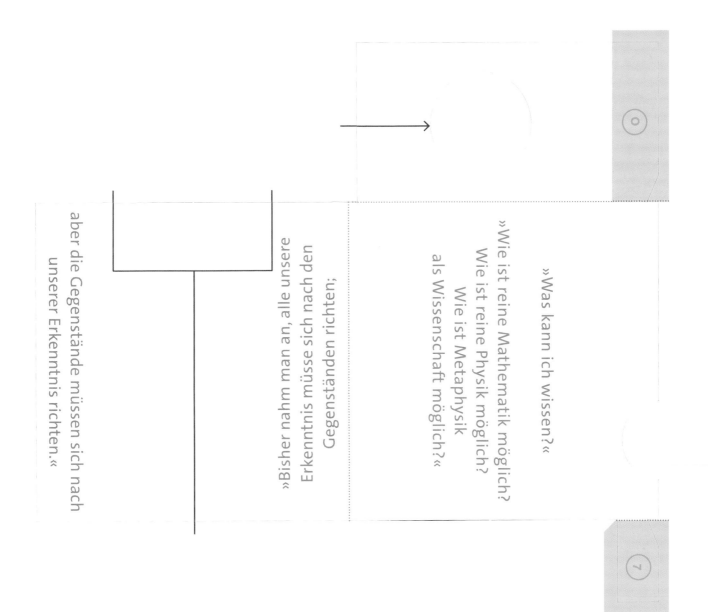

»Was kann ich wissen?«

»Wie ist reine Mathematik möglich?
Wie ist reine Physik möglich?
Wie ist Metaphysik
als Wissenschaft möglich?«

»Bisher nahm man an, alle unsere
Erkenntnis müsse sich nach den
Gegenständen richten;

aber die Gegenstände müssen sich nach
unserer Erkenntnis richten.«

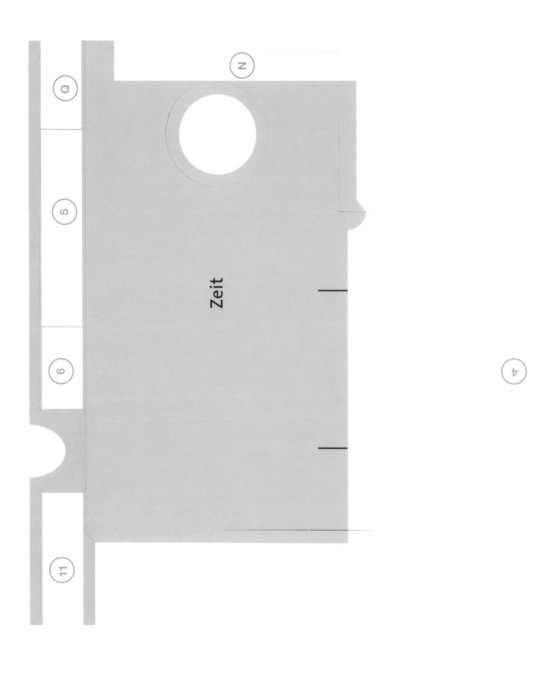

Zeit

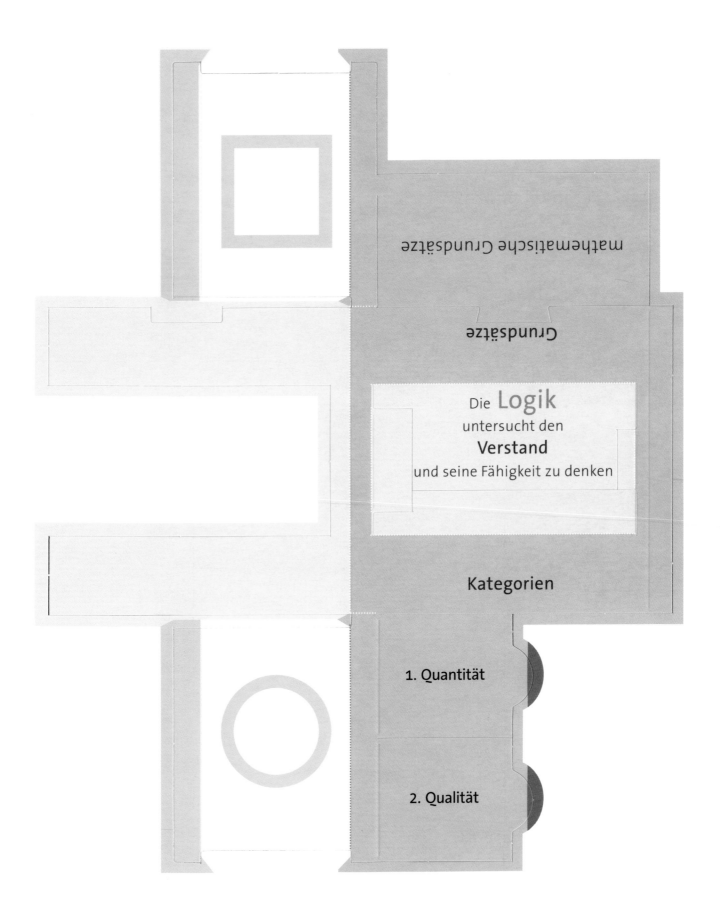

mathematische Grundsätze

Grundsätze

Die Logik
untersucht den
Verstand
und seine Fähigkeit zu denken

Kategorien

1. Quantität

2. Qualität

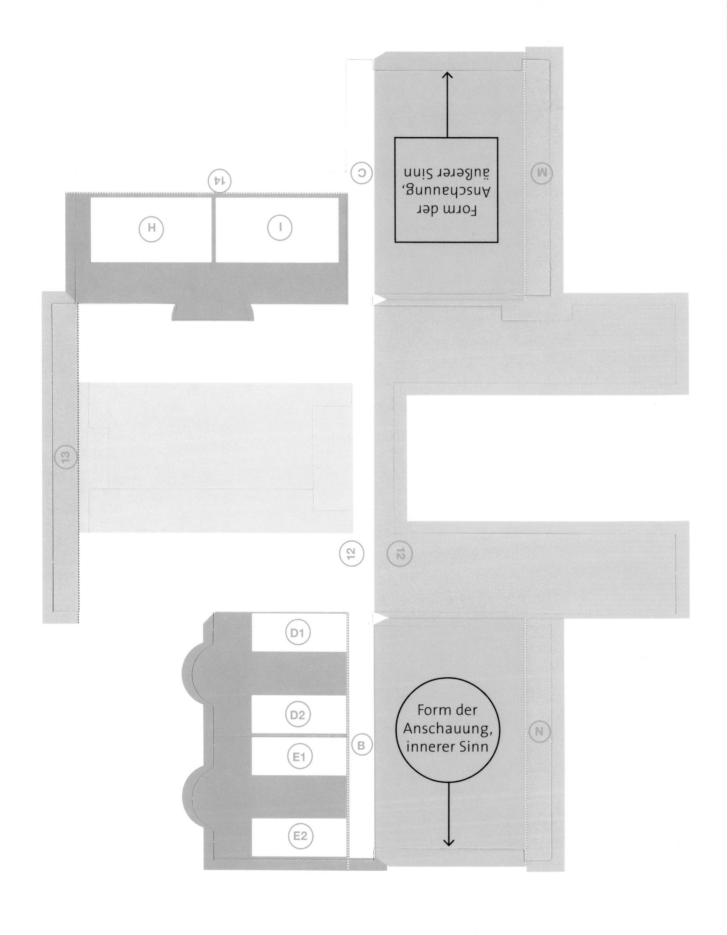

14

H
I

C

Form der
Anschauung,
äußerer Sinn

M

13

12

12

D1

D2

B

E1

Form der
Anschauung,
innerer Sinn

N

E2

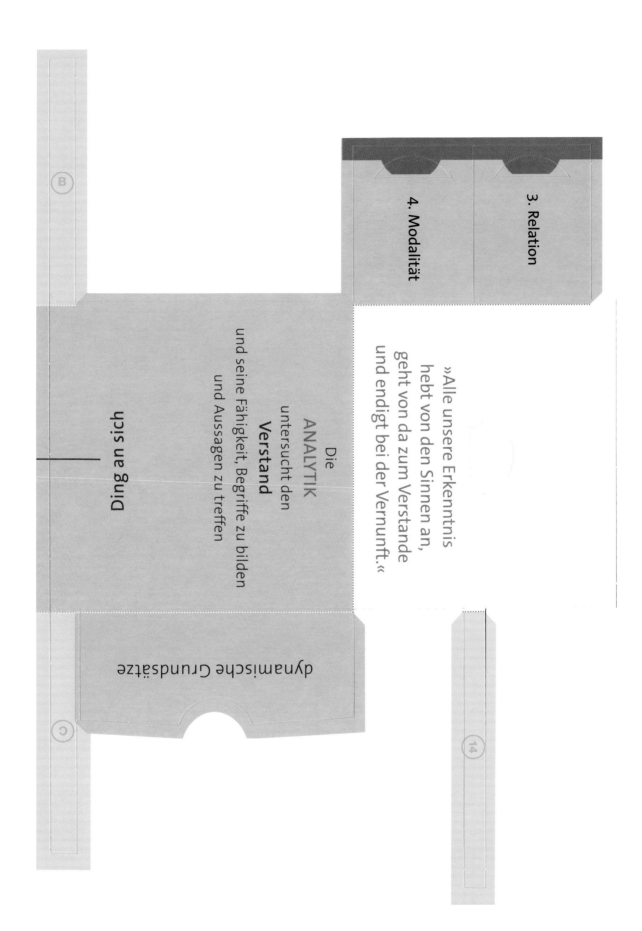

3. Relation

4. Modalität

»Alle unsere Erkenntnis
hebt von den Sinnen an,
geht von da zum Verstande
und endigt bei der Vernunft.«

Die
ANALYTIK
untersucht den
Verstand
und seine Fähigkeit, Begriffe zu bilden
und Aussagen zu treffen

Ding an sich

dynamische Grundsätze

B

C

14

59

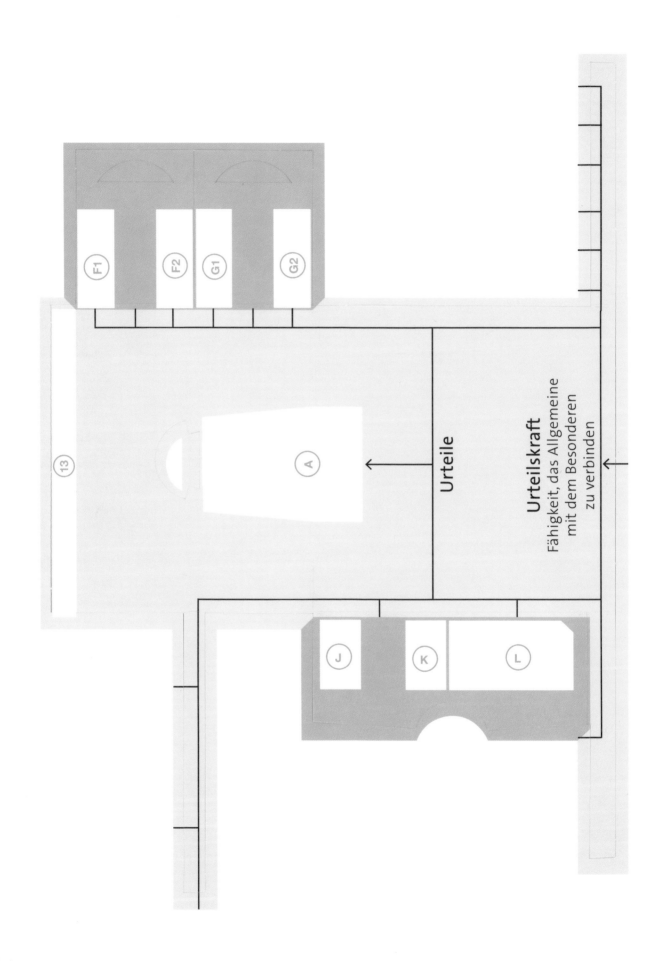

Urteile

Urteilskraft
Fähigkeit, das Allgemeine
mit dem Besonderen
zu verbinden

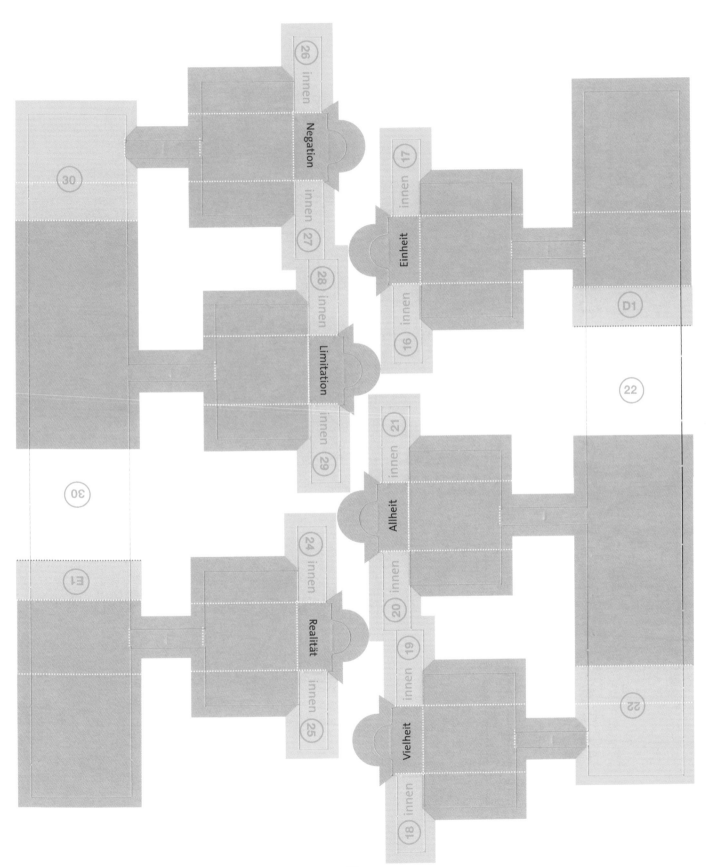

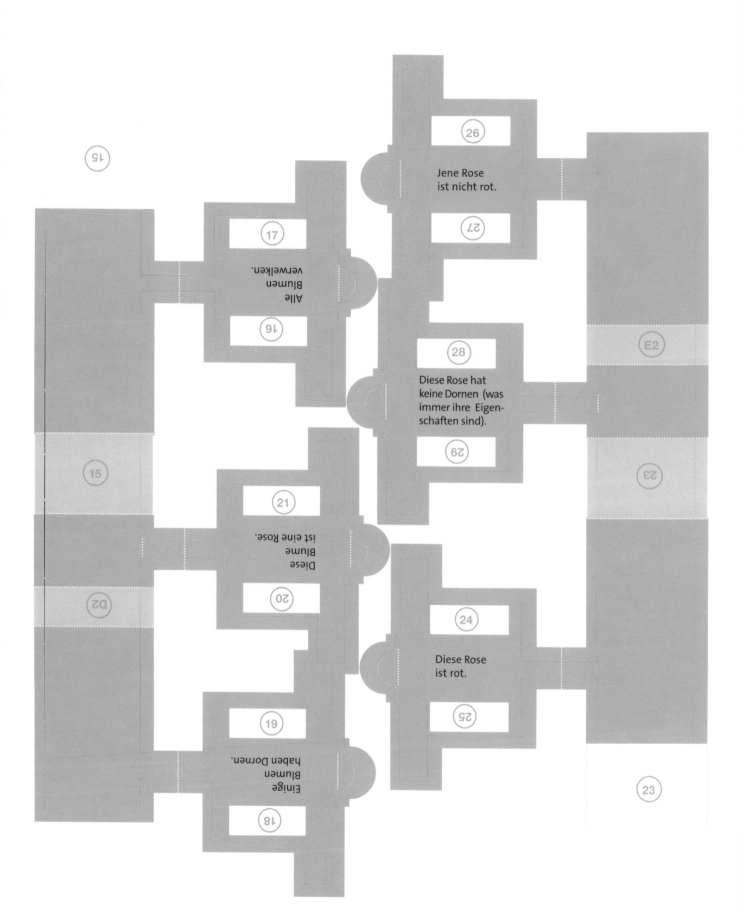

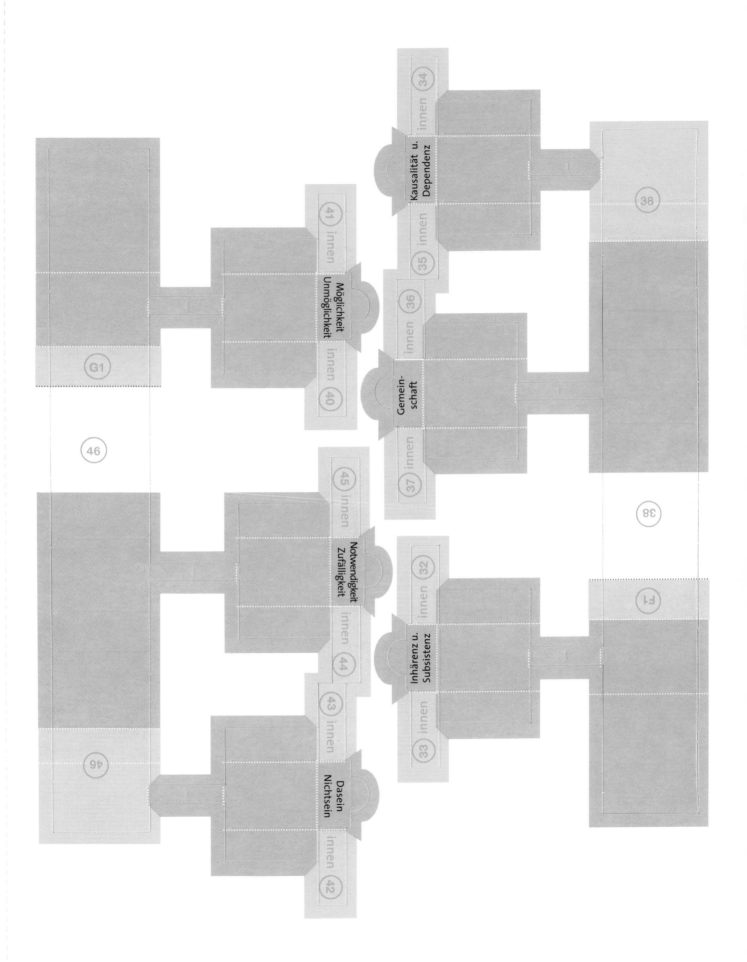

Möglichkeit
Unmöglichkeit

Kausalität u.
Dependenz

Gemein-
schaft

Notwendigkeit
Zufälligkeit

Inhärenz u.
Subsistenz

Dasein
Nichtsein

innen 41
innen 40
innen 34
innen 35
innen 36
innen 37
innen 45
innen 44
innen 43
innen 32
innen 33
innen 42

G1
F1
46
46
38
38

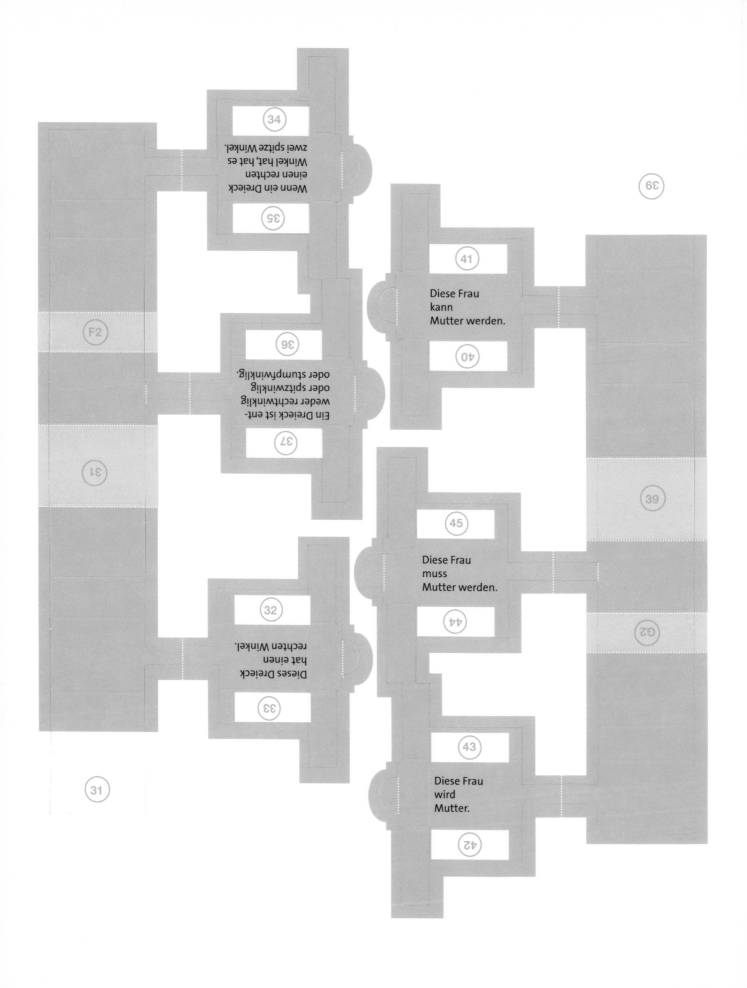

(34) (35)
Wenn ein Dreieck
einen rechten
Winkel hat, hat es
zwei spitze Winkel.

(41)
Diese Frau
kann
Mutter werden.
(40)

(36) (37)
Ein Dreieck ist ent-
weder rechtwinklig
oder spitzwinklig
oder stumpfwinklig.

(45)
Diese Frau
muss
Mutter werden.
(44)

(32) (33)
Dieses Dreieck
hat einen
rechten Winkel.

(43)
Diese Frau
wird
Mutter.
(42)

F2

31

39

39

G2

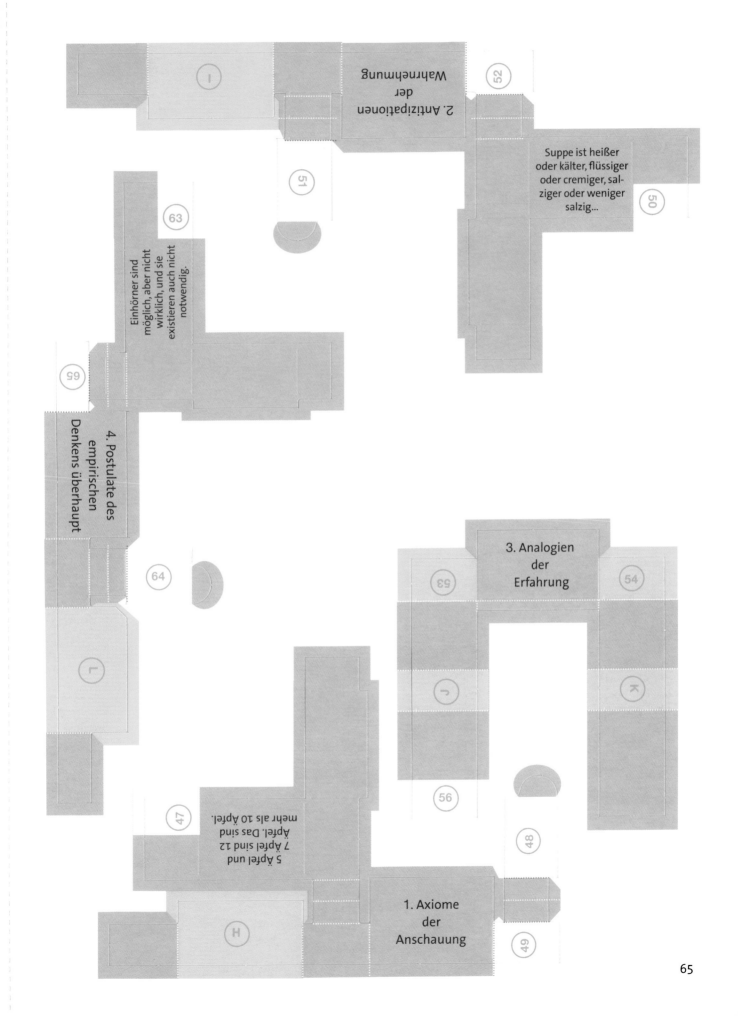

2. Antizipationen der Wahrnehmung

Suppe ist heißer oder kälter, flüssiger oder cremiger, salziger oder weniger salzig...

Einhörner sind möglich, aber nicht wirklich, und sie existieren auch nicht notwendig.

4. Postulate des empirischen Denkens überhaupt

3. Analogien der Erfahrung

5 Äpfel und 7 Äpfel sind 12 Äpfel. Das sind mehr als 10 Äpfel.

1. Axiome der Anschauung

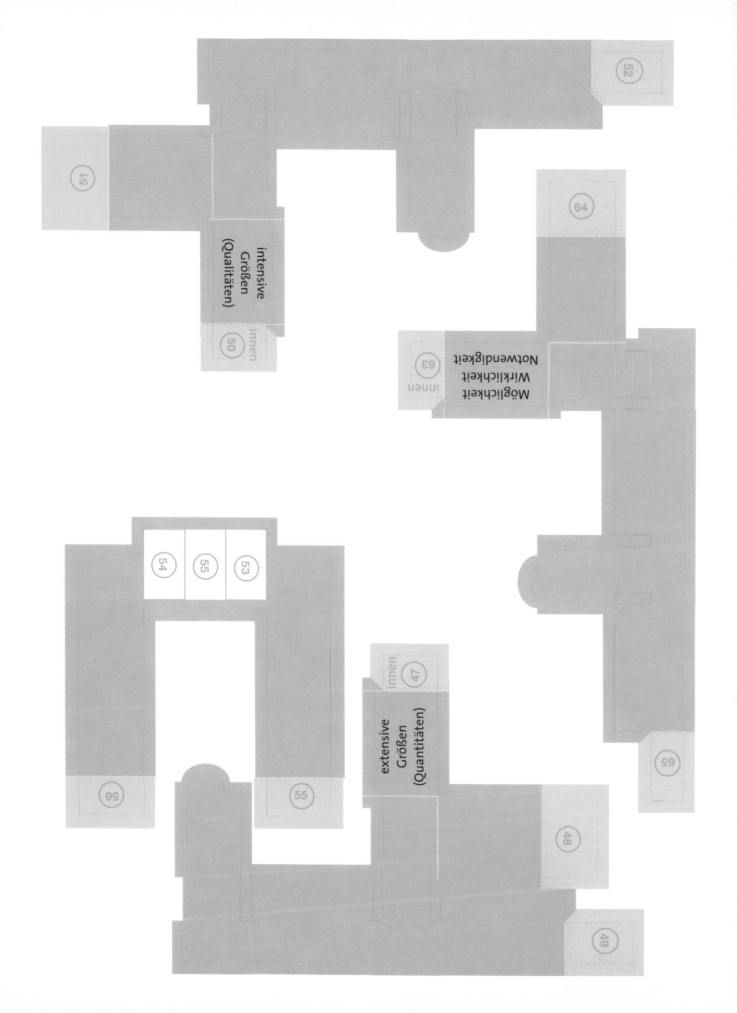

intensive
Größen
(Qualitäten)

innen

Möglichkeit
Wirklichkeit
Notwendigkeit

innen

extensive
Größen
(Quantitäten)

innen

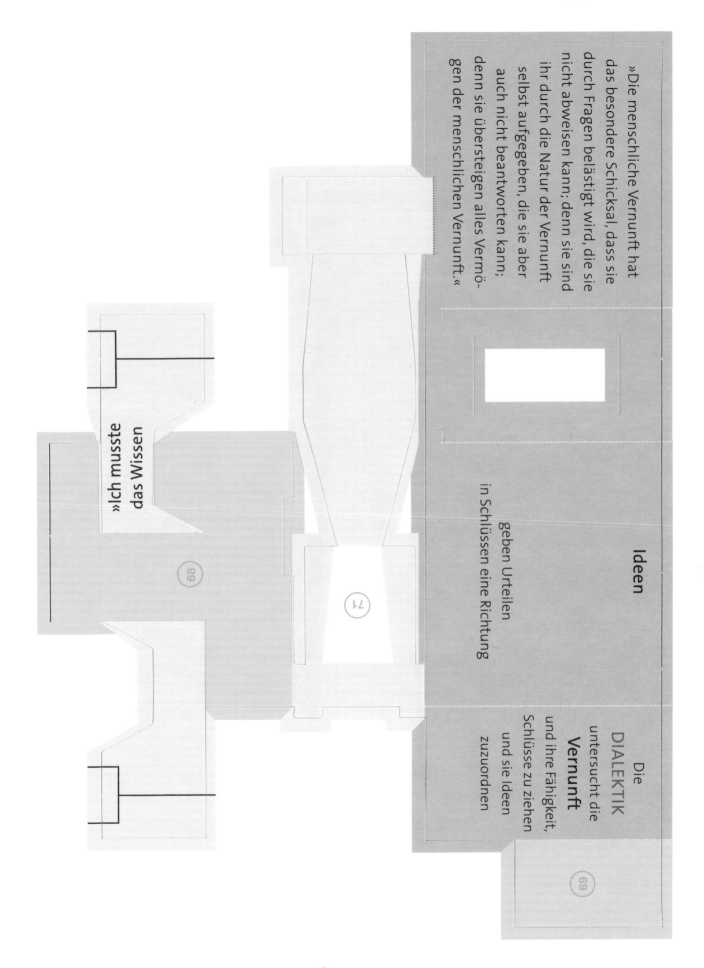

»Die menschliche Vernunft hat das besondere Schicksal, dass sie durch Fragen belästigt wird, die sie nicht abweisen kann; denn sie sind ihr durch die Natur der Vernunft selbst aufgegeben, die sie aber auch nicht beantworten kann; denn sie übersteigen alles Vermögen der menschlichen Vernunft.«

Ideen

geben Urteilen
in Schlüssen eine Richtung

Die
DIALEKTIK
untersucht die
Vernunft
und ihre Fähigkeit,
Schlüsse zu ziehen
und sie Ideen
zuzuordnen

»Ich musste das Wissen

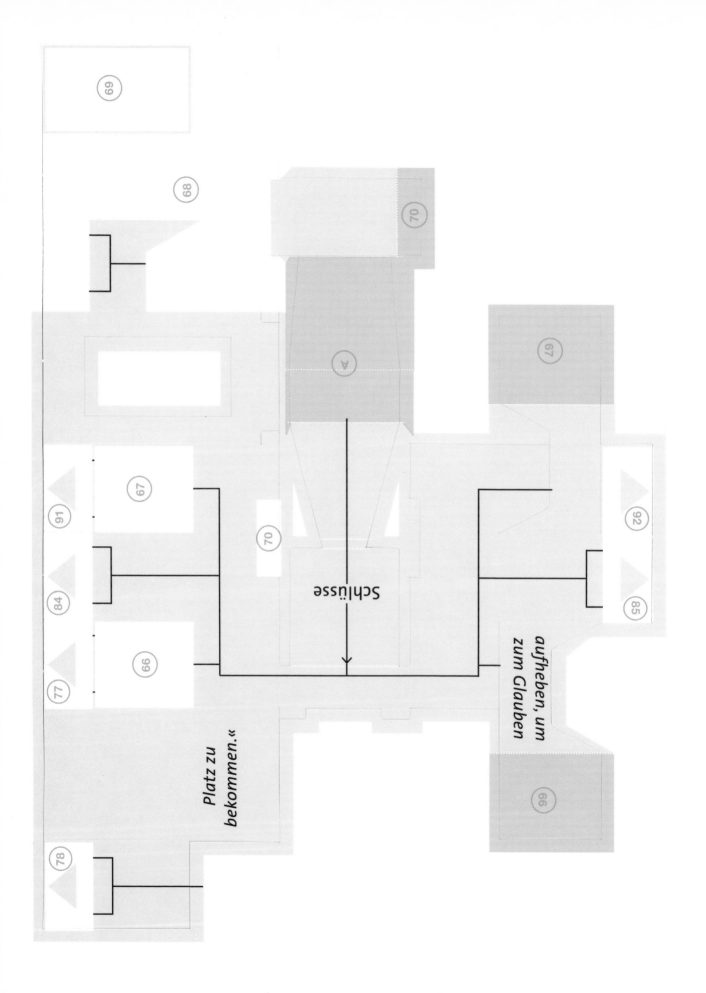

Schlüsse

Platz zu
bekommen.«

aufheben, um
zum Glauben

Psychologie
Idee der Seele
76 75

Kosmologie
Idee der Welt
83 82

Theologie
Idee Gottes
90 89

71

TRANSZENDENTALE

1

91

Beweises vom Dasein Gottes

Unmöglichkeit des

88

Einheit aller Gegenstände des Denkens

87

Unmöglichkeit eines ontologischen

physikotheologischen Beweises

86 oben

92

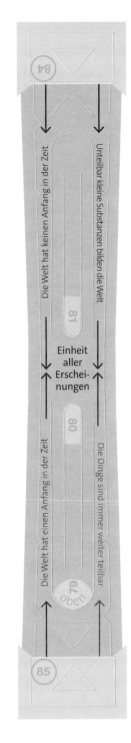

84

Die Welt hat keinen Anfang in der Zeit

Unteilbar kleine Substanzen bilden die Welt

81

Einheit aller Erscheinungen

80

Die Welt hat einen Anfang in der Zeit

Die Dinge sind immer weiter teilbar

79 oben

85

77

Widerlegung des Mendelssohnschen Beweises der Beharrlichkeit der Seele

74

Einheit des denkenden Subjekts

Kritik an der dogmatischen Verwendungsweise des Satzes »Ich denke«

73

72 oben

78

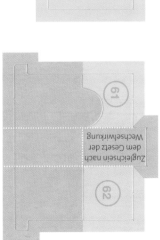

Zugleichsein nach dem Gesetz der Wechselwirkung

61

62

Zeitfolge nach dem Gesetz der Kausalität

59

60

Beharrlichkeit der Substanz

57

58

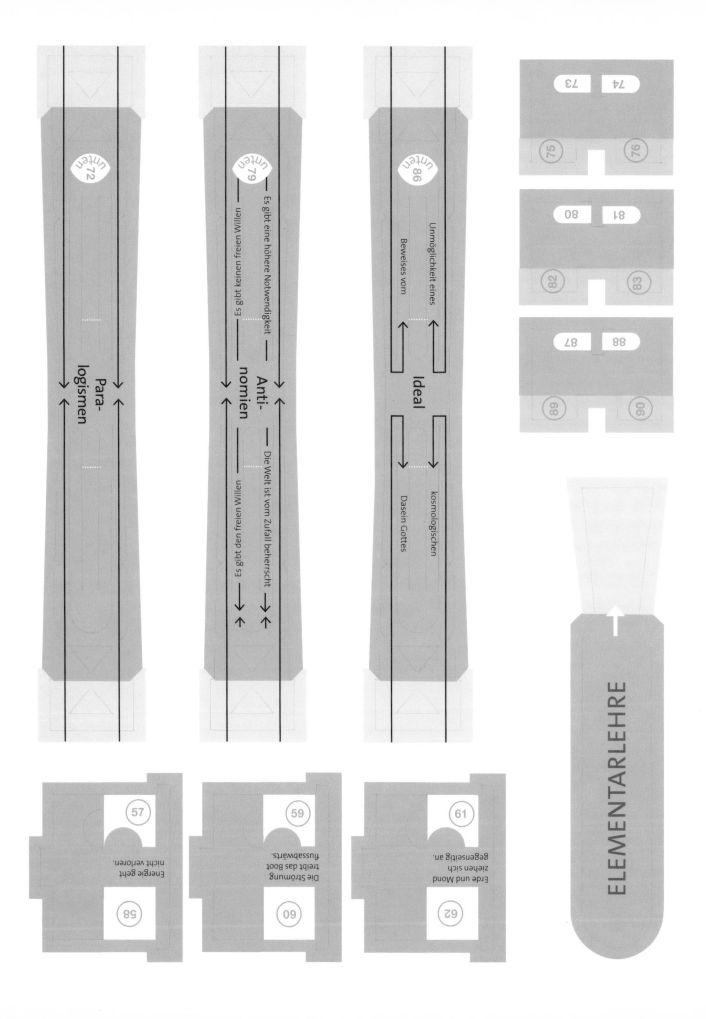

Para-
logismen

72 unten

Anti-
nomien

79 unten

Es gibt keinen freien Willen

Es gibt eine höhere Notwendigkeit

Es gibt den freien Willen

Die Welt ist vom Zufall beherrscht

Ideal

86 unten

Unmöglichkeit eines

Beweises vom

kosmologischen

Dasein Gottes

ELEMENTARLEHRE

73
74
75
76

80
81
82
83

87
88
89
90

Energie geht
nicht verloren.

57
58

Die Strömung
treibt das Boot
flussabwärts.

59
60

Erde und Mond
ziehen sich
gegenseitig an.

61
62

Architektonik

als Plan vom Aufbau zukünftigen Wissens

(95)

»Was soll ich tun?«

»Was darf ich hoffen?«

»Tue das, wodurch du würdig wirst, glücklich zu sein.«

Kanon

zum richtigen Gebrauch der Vernunft, mit dem Ziel, als freier Mensch zu leben

(96)

(93)

Geschichte

als bisherige Entwicklung des Vernunft-gebrauchs

(94)

Disziplin

zur Vermeidung von Irrtümern, die durch falschen Vernunftgebrauch entstehen

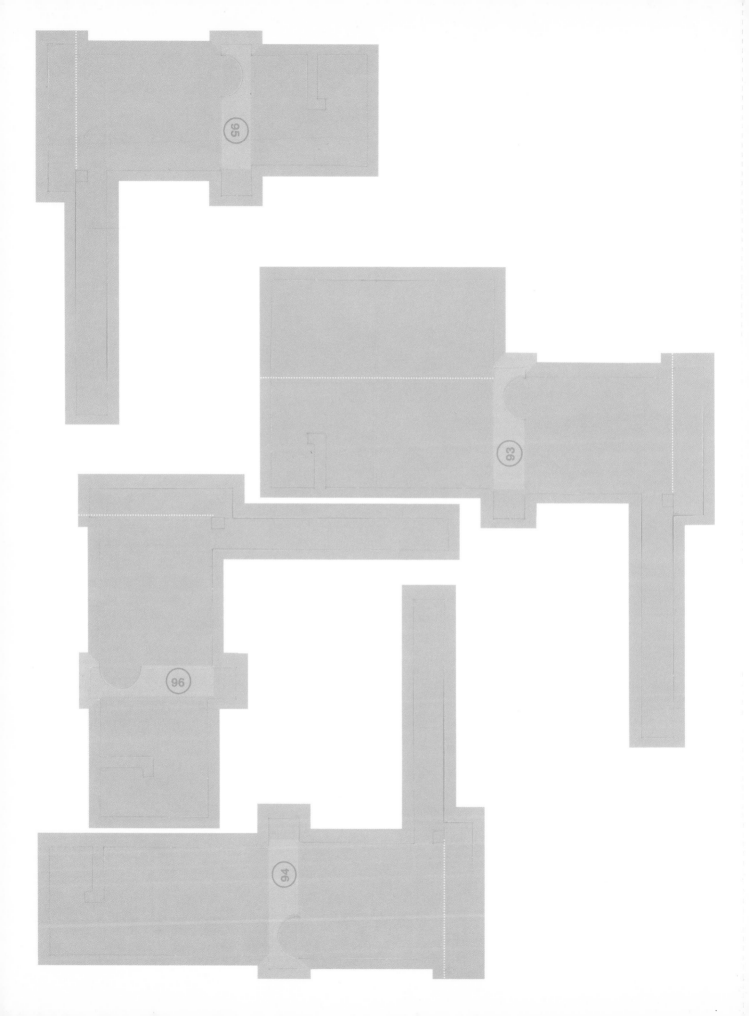